# LA CHINE ET LE FINANCEMENT DES INFRASTRUCTURES AFRICAINES

## Cas du Sénégal

Mamadou NDAO

# LA CHINE ET LE FINANCEMENT DES INFRASTRUCTURES AFRICAINES

## Cas du Sénégal

L'Harmattan
Sénégal

**10 VDN, Sicap Amitié 3, Lotissement Cité Police, DAKAR**

senharmattan@gmail.com
senlibrairie@gmail.com

ISBN : 978-2-336-59553-5
EAN : 9782336595535

## REMERCIEMENTS

Cet ouvrage procède de la capitalisation d'un travail de recherche que j'ai effectué dans le cadre d'une thèse que je partage avec les nombreuses et bienveillantes relations qui m'ont poussé à le mettre à la disposition d'un plus large auditoire.

Aussi voudrais-je infiniment remercier le Professeur **Pierre-Jean Benghozi** pour ses conseils, sa disponibilité et sa confiance. Ce livre n'aurait pas été le même sans ses relectures exigeantes et ses remarques constructives.

Je souhaite également adresser mes chaleureux remerciements aux **membres de mon jury de soutenance de thèse** pour le temps consacré à ce travail.

J'exprime plus généralement ma **gratitude envers tous mes collègues et amis** pour les discussions enthousiastes, les rires et les encouragements tout au long de ce parcours gratifiant dans la quête d'une science utile à tous.

Je remercie enfin ma **famille** pour son affection, son soutien inconditionnel et pour la vie extraordinaire que nous construisons ensemble.

## SOMMAIRE

# LISTE DES ILLUSTRATIONS

## LISTE DES FIGURES

## LISTE DES TABLEAUX

# INTRODUCTION

Le manque d'infrastructures constitue un frein majeur au développement du continent africain, malgré les programmes et projets qui se sont succédé depuis plusieurs décennies. Selon le rapport du Forum économique mondial (*WEF*, 2017) sur la compétitivité de l'Afrique, le continent, comparé aux autres régions en développement, se trouve au plus bas du classement mondial en termes de performance infrastructurelle.

Trois (3) dimensions sont essentielles pour évaluer la qualité et l'efficacité des infrastructures d'un pays ou d'une région : **la couverture et l'accès, la qualité** et **le coût**. La première fait référence à la disponibilité et à l'étendue géographique des infrastructures, assurant que le plus grand nombre de personnes puisse y avoir accès. La seconde concerne la fiabilité, la performance et la sécurité des infrastructures. Enfin, la troisième dimension englobe les coûts d'investissement, d'exploitation et d'entretien, déterminant l'abordabilité pour les utilisateurs et la viabilité économique à long terme.

Un équilibre entre ces trois aspects est nécessaire pour garantir des infrastructures performantes, accessibles et durables. Or, en Afrique, la performance demeure faible, aussi bien en matière de couverture que de qualité, dans la plupart des secteurs : énergie, télécommunications, eau, assainissement et transports.

Le taux d'électrification en Afrique reste particulièrement bas : seuls 32 % des foyers africains ont accès à l'électricité, contre 21 % à Internet, avec d'importantes disparités selon les pays (Agence Ecofin, 2023)[1]. Pour une population estimée à 1,4 milliard d'habitants en 2023, soit 18 % de la population mondiale (CEA, 2023), la consommation d'énergie du continent ne représente qu'environ 3,3 % de l'énergie primaire mondiale. Les taux d'accès à l'assainissement et à l'eau étaient respectivement de 61 % et 31 % selon l'OMS et l'UNICEF (2014)[2].

---

[1] https://www.agenceecofin.com/multimedia/2104-107618-taux-de-penetration-dinternet-en-afrique-par-region-janvier-2023

[2] https ://www.unicef.org/media/50791/file/UNICEF Annual Report 2014 FR.pdf

Le transport routier, qui assure 80 % du trafic de marchandises et 90 % du trafic de passagers (Sané, 2017), présente une densité moyenne de 7 km pour 100 km², avec 40 % de routes en mauvais état. Le réseau ferroviaire continental, long de 80 000 km (soit 2,7 km pour 1 000 km²), date pour l'essentiel de l'époque coloniale et reste peu réhabilité. Une vingtaine de pays africains n'en disposent pas.

À cela, s'ajoutent un coût et une qualité de services insuffisants. L'électricité, rare et coûteuse, est également instable : 79 % des entreprises d'Afrique subsaharienne ont connu des pannes d'électricité – 8,6 pannes par mois en moyenne, durant 5,7 heures chacune (2006-2016). Le réseau routier, souvent non revêtu, isole les populations des services de base, notamment dans les zones à forte pluviométrie (Sané, 2017).

Le niveau de sécurité routière est également préoccupant : l'Afrique enregistre le taux le plus élevé au monde de décès par accident de la route (26,6 pour 100 000 personnes en 2019), soit près de 272 000 morts par an (SSATP, 2019 ; OMS, 2021). Les infrastructures portuaires, quant à elles, souffrent d'un manque de capacité, d'entretien et de liaisons adéquates avec l'arrière-pays, ce qui freine les activités portuaires.

En conséquence, « ni le stock actuel, ni l'accès, encore moins la qualité des infrastructures ne stimulent la croissance économique dans 45 pays africains » (*Perspectives économiques en Afrique*, 2018). Une infrastructure de qualité pourrait pourtant accroître le PIB par habitant d'environ 0,5 % par an (BM, 2017).

Le développement des infrastructures favorise la productivité et constitue un intrant essentiel à la croissance durable. Selon le FMI, elles désignent « des immobilisations à long terme comprenant l'ensemble des réseaux soutenant l'activité économique et sociale ». Elles se divisent en **infrastructures lourdes** (économiques) et **légères** (sociales) (Snieska et Simkunaite, 2009 ; Fedderke et Begotic, 2006 ; Fourie, 2006). Les premières concernent les réseaux physiques essentiels (télécommunications, transport, énergie, eau, assainissement, déchets), tandis que les secondes englobent les institutions et services sociaux, politiques et culturels (éducation, logement, sécurité, défense) : (Wanmali et Islam, 1997).

La production d'infrastructures, notamment lourdes, repose souvent sur la **coopération interentreprises**. Longtemps dominée par la concurrence (Porter, 1980, 1982 ; Koenig, 1996 ; Le Roy, 2002), cette dynamique a évolué vers des logiques de coopération fondées sur la création de ressources et de compétences (Wernerfelt, 1984 ; Hamel et

Prahalad, 1990). Selon Koenig (2005), « les entreprises doivent abandonner l'idée commune des économistes industriels pour les tenants de l'approche par les ressources ».

Avec la mondialisation et les progrès technologiques, la concurrence et les turbulences économiques se sont accrues, rendant la survie des entreprises plus difficile, notamment dans les pays comme le Sénégal, où la mise à niveau des infrastructures reste un défi. De nouvelles formes d'organisation (alliances, fusions, joint-ventures, réseaux) se développent alors, dans un contexte de compétitivité et d'incertitude élevées (Bourcieu, 2000 ; Gueguen, 2001 ; Biardeau et al., 2003).

Dans ce cadre, plusieurs auteurs (Jolly, 2001 ; Boopen, 2006 ; Beuret et Michel, 2008 ; Brautigam, 2011 ; Beaussé et Gonnet, 2012) soulignent l'émergence des **coopérations interentreprises**, notamment en Afrique, où les contraintes économiques poussent à rechercher des stratégies communes. Le cas de la **coopération sino-africaine** illustre cette dynamique : la Chine est devenue, depuis 2007, le principal partenaire du continent pour le financement des infrastructures.

Le président chinois Xi Jinping a lancé en 2013 l'initiative *Belt and Road* (BRI), à laquelle 46 pays africains avaient adhéré en 2021. Le Sénégal, membre de cette initiative, bénéficie de nombreux projets chinois : autoroutes Ila-Touba, AIBD-Thiès, Thiès-AIBD-Mbour et Mbour-Kaolack ; pont Nelson Mandela de Foundiougne ; Parc industriel de Diamniadio. Ces réalisations illustrent la montée en puissance des entreprises chinoises telles que CRBC, CWE, Henan Chine et CGCOC, appuyées par des banques publiques (China Exim Bank, Banque de Développement de Chine) et commerciales (Bank of China, China Construction Bank, ICBC).

Malgré ces investissements, le Sénégal n'est pas parmi les partenaires africains majeurs de la Chine, qui privilégie les pays riches en ressources naturelles (Angola, Nigeria, Congo, Zambie, etc.). Les financements chinois sont généralement concessionnels, à long terme, et parfois sous forme de **partenariats public-privé**, comme le projet « Smart Sénégal » réalisé avec Huawei (4 500 km de fibre optique).

Selon plusieurs experts africains, « les relations entre l'Afrique et la Chine agissent comme une alternative politique aux coopérations avec les partenaires occidentaux ». Toutefois, cette présence croissante soulève des interrogations sur les conditions de financement, la nature des projets et leurs impacts sur la souveraineté économique. Ainsi, la Sierra Leone a suspendu un projet d'aéroport BRI jugé non rentable.

Dès lors, cette recherche s'interroge sur **l'efficacité des investissements chinois dans les infrastructures africaines**, au regard de leurs modes et conditions de financement.

Dans cette perspective, l'ouvrage analyse la montée et les déterminants de l'efficacité des entreprises chinoises dans la réalisation d'infrastructures en Afrique. Plus précisément, il s'agit de :

- analyser les facteurs expliquant la forte présence des entreprises chinoises en Afrique ;
- étudier les modes et conditions de financement des projets ;
- examiner le niveau d'intervention de la Chine dans le développement des infrastructures ;
- mesurer l'impact des infrastructures chinoises sur le développement économique.

Tout en vous en souhaitant bonne lecture, je reste ouvert à tout échange ultérieur.

L'Auteur

# PARTIE I

# CADRE THÉORIQUE ET MÉTHODOLOGIQUE

L'importance d'une théorie est de pouvoir rendre compte de la compréhension d'un phénomène afin de mieux l'analyser et le maîtriser, voire le prescrire. Tout courant théorique en gestion doit ainsi intéresser l'action, l'acteur, le comportement et/ou la décision au sein d'une organisation (Husser, 2009). Toute théorie qui présente un lien direct et évident avec les faits enracinés dans la réalité des entreprises peut être retenue dans le champ des Sciences de gestion.

Dans notre recherche, nous nous sommes principalement appuyé sur trois grandes théories : transaction, ressources, écosystèmes. Dans le cas d'espèce, les projets d'infrastructures exigent la présence de plusieurs transactions généralement abordées dans la théorie des coûts de transaction, complétée par celle des ressources. Cette dernière facilite l'analyse de l'efficacité et de l'efficience dans l'utilisation des ressources pour un management efficace. Par ailleurs, les stratégies collectives se trouvent dans les entreprises industrielles dans lesquelles les interactions directes sont possibles. Autrement dit, la mise en œuvre des projets d'infrastructure nécessite l'intervention de plusieurs acteurs dont les stratégies collectives pourraient faciliter la coordination. Compte tenu des conditions sous-jacentes liées à l'interaction des acteurs, la théorie des stratégies collectives facilite la collaboration et la mise en œuvre de l'efficacité et de l'efficience (performance) dans l'exécution des projets.

Dans cette partie, il s'agira d'aborder, dans un premier temps, les approches théoriques qui sous-tendent cette recherche sur le financement chinois dans les infrastructures (chapitre 1), de revoir, dans un second temps, la revue de la littérature sur la relation entre financement des infrastructures et développement économique (chapitre 2), pour enfin terminer avec la méthodologie adoptée pour mener à bien ce travail de recherche (chapitre 3).

# CHAPITRE 1

## L'APPROCHE CHINOISE DE FINANCEMENT DES INFRASTRUCTURES : DE LA THÉORIE DES RESSOURCES À SON APPLICATION CONCRÈTE (IDE, PP)

La question du financement des infrastructures a été abordée à travers plusieurs théories, notamment celles des coûts de transaction, des stratégies collectives et des ressources.

La théorie des coûts de transaction (Coase, 1937 et Williamson, 1973 et 1975) nous explique comment les coûts associés à la recherche d'informations, à la négociation, à la mise en œuvre et à l'exécution de contrats ainsi qu'à d'autres ressources influencent la structure et le fonctionnement des organisations et des marchés. Cependant, elle n'échappe pas aux critiques bien que la théorie ait été influente en management et en gestion. Certains économistes soulignent qu'elle peut excessivement simplifier la complexité des interactions humaines et négliger d'autres facteurs importants, comme la culture organisationnelle et les relations interpersonnelles dans les entreprises.

Quant à l'idée des stratégies collectives, elle est principalement ancrée dans la sociologie organisationnelle et l'économie des conventions. Elle cherche à décrire la façon dont les agents économiques ou sociaux s'organisent et collaborent stratégiquement dans un contexte collectif afin de défendre ou promouvoir des intérêts communs tout en affrontant des incertitudes (Glais, 1996 ; Bresser et Harl, 1986 ; Loup, 2006). Il convient, cependant, de souligner que certaines collaborations peuvent devenir instables si les intérêts se désynchronisent trop. On peut également observer des tensions potentielles entre les objectifs collectifs et les stratégies individuelles, tout comme la nécessité de mécanismes de gouvernance pour un fonctionnement pérenne.

S'agissant de la théorie des ressources (Bourdieu, 1980 ; Wernerfelt, 1984 ; Hamel et Prahalad, 1991) qui est souvent appliquée dans les domaines de la gestion et de l'économie, elle développe un cadre conceptuel très pertinent pour comprendre la réalisation des projets d'infrastructure. Elle postule que la performance d'une organisation dépend de ses ressources et de sa capacité à les mobiliser de manière efficace. Cela inclut les ressources matérielles, humaines, financières et intellectuelles.

Cette dernière théorie, utilisée par la Chine, est celle que nous avons privilégiée dans le cadre de l'analyse puisqu'elle est plus adaptée à une meilleure compréhension des interventions chinoises en matière de financement d'infrastructures qui revêt plusieurs formes.

## Section 1 : La théorie des ressources : une dimension indispensable pour aborder et comprendre la réalisation des projets d'infrastructure

Malgré le caractère dialectique de la relation entre les entreprises dans les stratégies collectives, la mutualisation des ressources s'invite aussi bien pour les intérêts communs qu'individuels. Cependant, dans le cadre de la réalisation des projets d'infrastructures, le coût du financement est parfois important, ce qui fait que la stratégie collective en est une solution. La Chine, à travers ses entreprises en Afrique, plus particulièrement au Sénégal, a bien compris cela.

La théorie des ressources est généralement utilisée pour aborder la relation entre les entreprises dans les stratégies collectives. Elle permet ainsi de concevoir une organisation comme un ensemble de ressources et de compétences (Wernerfelt, 1984) qu'elle mobilise pour se développer. D'après Hamel et Prahalad (1991), une des principales sources d'avantage concurrentiel provient des compétences clés, qui elles-mêmes sont une combinaison de ressources que la firme possède. Dans le cadre d'une coopération, les entreprises peuvent accéder, grâce à la socialisation de ressources entre les différents partenaires, à des compétences et des ressources qu'elles ne peuvent mobiliser de façon isolée. Selon Loup (2006), les ressources sociales (ressources encastrées dans un groupe) représentent un élément central dans la constitution et la pérennisation d'une stratégie coopérative. Loup met l'accent sur l'importance de ces ressources sociales dans la réalisation d'une « offre coopérative ». Cette offre de coopération reste indispensable dans le cas du projet de financement en Afrique où la Chine occupe une place non négligeable. Le système « offre coopérative » permet aux entreprises, en particulier les multinationales, d'acquérir une masse critique (collective), leur permettant de répondre à des demandes plus importantes. Le Roy (2002) souligne le rôle de la mobilisation conjointe des ressources matérielles dans l'industrie thonière française dans une « construction sociale » d'un système d'offre coopératif très important. Granovetter et Mauss[3] mettent à leur tour l'accent sur l'importance du « capital social » dans cette psychologie collective. Selon Bourdieu (1980, p. 2), « *le capital social est l'ensemble des ressources actuelles ou potentielles qui sont liées à la possession d'un réseau durable de relations plus ou moins institutionnalisées d'intercommunication et d'interconnaissance ; ou, en d'autres mots qui sont liées à l'appartenance à un groupe comme ensemble d'agents qui ne sont pas dotés de propriétés communes, mais sont aussi unis par des relations permanentes et utiles* ». On comprend que les stratégies collectives permettent aux entreprises de disposer d'un réservoir de ressources en vue d'atteindre des objectifs inatteignables lorsqu'elles optent pour la réalisation d'un projet. Dans les mêmes formes collectives, telles que les complétives et les groupements, des entreprises pourront grâce à ces stratégies rompre avec l'isolement et répondre par le moyen d'actions collectives aux exigences imposées par la réglementation du secteur ou du pays d'accueil.

Le rôle des ressources sociales au sein d'un collectif est aussi de permettre à terme la création d'autres ressources et la mise en place d'un mécanisme d'apprentissage (Nelson et Winter, 1982). Ingam (1994) attire l'attention sur l'apprentissage organisationnel dans le cadre d'une coopération interentreprises, en distinguant deux niveaux d'apprentissage (inter-organisationnelle et intra-organisationnelle).

L'importance des ressources est aussi mise en évidence par Guillotrea et LeRoy (2002) qui soulignent le rôle de la mobilisation conjointe des ressources matérielles dans l'industrie thonière française, dans une « construction sociale » d'un système d'offre coopératif très important. Ce qui entraîne une réduction considérable des coûts, grâce aux économies d'échelle, et une amélioration de la compétitivité des entreprises.

En fait, l'apport de la théorie des ressources réside dans la prise en compte de la notion de flexibilité. En effet, face à un environnement en perpétuel changement, il est important que la firme développe des capacités lui permettant d'intégrer et de développer des compétences, afin de réagir plus rapidement. Pour Véniza et Legrand (2002, p. 2),

[3] Cité par LAVILLE, J-L. (2004) « encastrement et nouvelle sociologie économique : de Granovetter à Polanyi et Mauss », Congrès national de Sociologie, Villetaneuse, 24-27 février 2004.

*« Les capacités dynamiques représentent l'aptitude à intégrer, à construire et à reconfigurer les compétences internes et externes afin de répondre à l'évolution rapide de l'environnement concurrentiel ».* Ainsi, à la différence des théories de ressources et de compétences, l'approche fondée sur les capacités dynamiques aborde l'exploitation des ressources et des compétences en vue d'un avantage concurrentiel, dans un processus dynamique. Arrègle (1996) précise que les capacités dynamiques évoluent et permettent ainsi de renouveler l'avantage complet afin d'assurer à l'entreprise un développement continu.

En outre, la perspective présentée est fondée sur une approche relationnelle qui insiste sur une conception de l'avantage concurrentiel à travers un processus inter-organisationnel. Cette approche met l'accent sur l'importance des relations inter-organisationnelles dans la création d'une *rente relationnelle* (Prévot et al., 2010 ; Dyer et Singh, 1998), source d'avantage concurrentiel. L'argument mis en avant est que les performances produites par une entreprise ne reposent pas uniquement sur des ressources propres, qu'elle peut détenir, mais aussi sur des compétences collectives, issues des relations inter-organisationnelles, comme le cas d'espèce ici entre la Chine et le Sénégal.

Selon Barabel et Meier (2006), la théorie des ressources définit l'entreprise comme un ensemble composé uniquement de ressources tangibles et intangibles distinctes : ressources financières, humaines, technologiques, physiques, etc. Les entreprises se distinguent les unes des autres par la spécificité de leurs ressources propres et la nature de l'usage qu'elles en font. L'approche par les compétences clés présume que l'avantage concurrentiel que peut détenir une organisation dépend de sa capacité à identifier et allouer les compétences clés parmi ses ressources.

Dans le cas des coopérations interentreprises, la mobilisation permet d'accéder à des ressources et à des compétences non détenues par l'un des partenaires, mais aussi de valoriser et de développer de nouvelles ressources. Ce constat explique le flux prépondérant des travailleurs sénégalais vers les entreprises chinoises qui s'investissent dans plusieurs secteurs au Sénégal. L'idée est que la stratégie de coopération permette le transfert des actifs existants et aussi la création de ressources nouvelles. L'échange des compétences et d'actifs spécifiques (Barney, 1991), qui peuvent être complémentaires, permet à l'entreprise d'atteindre plus d'efficacité. L'approche par les ressources est développée davantage dans la suite de notre travail, pour appréhender la notion de capacités organisationnelles (St. Amant et Renard, 2004 ; Arrègle, 2006, 2006, 1996), dans le cadre des relations de coopération.

En outre, de nombreux travaux tels que les résultats comptables ont été privilégiés en tant que fondement de l'information financière d'une entreprise, au détriment d'autres paramètres tels que le capital, le talent, la connaissance, etc. (Dumontier et Labelle, 1998) ; (Schipper, 1989). Cela implique que, lors de l'évaluation d'une entreprise, le marché financier ne tient compte que de la performance de l'entreprise, laissant de côté d'autres facteurs. Ainsi, dans le cadre du Management public, nous avons assisté à un changement de paradigme. En conséquence, les actifs comme le matériel sont désormais considérés comme des éléments essentiels dans leur rôle de production (De Montmorillon, 2001). Cette évolution a fortement contribué à l'investissement direct étranger, ce qui justifie parfois la présence des entreprises étrangères en Afrique, notamment la Chine. Le capital immatériel dont disposent ces entreprises, représente une ressource dépourvue de forme physique qui joue un rôle crucial dans la création de valeur pour une entreprise, même si elle n'apparaît pas dans son bilan (Méreaux et Feige, 2022).

Un examen de la littérature sur les investissements nous permet de tirer deux conclusions à partir de différentes approches. La première conclusion est que le besoin en investissements varie d'un secteur à l'autre. La deuxième conclusion est que le marché financier semble accorder une valeur de plus en plus importante aux investissements immatériels. Face à cette situation, nous avons choisi deux théories pour expliquer ces résultats : La première est la vision basée sur les ressources, qui postule que la performance d'une entreprise repose sur l'utilisation efficace de ses actifs, qu'ils soient tangibles ou intangibles. La deuxième est la théorie financière, qui examine la relation entre le développement du capital immatériel et son incidence sur les marchés financiers, la valorisation et la performance des entreprises (Béjar, 2009 et Aamoum & Nakri, 2021).

En partant de ces constats, nous avons préféré utiliser une approche basée sur les ressources, tout en ne négligeant pas l'approche financière. La théorie des ressources a été initialement introduite par Wernerfelt (1984) dans le but de comprendre ce qui fait que certaines entreprises réussissent mieux que d'autres à long terme. À la suite des travaux de Penrose, Wernerfelt (1984) nous rappelle que le développement d'une entreprise ne dépend pas uniquement de sa position externe, mais qu'une grande partie de son succès repose sur ses ressources et la manière dont les entreprises les mobilisent. Il définit les ressources comme « tous les actifs (qu'ils soient tangibles ou intangibles) qui sont durablement liés à l'entreprise ».

La théorie des ressources a été étroitement liée à ces questions et a grandement contribué au débat sur le rôle des capacités internes et des facteurs externes dans la performance des entreprises (Penrose, 1959 ; Wernerfelt, 1984 ; Rumelt, 1991 ; Barney, 1991 ; Hansen et Wernerfelt, 1989). Elle a connu une expansion considérable au fil des dernières années (Foss, 2007 ; Brulhart et al., 2010).

La théorie des ressources a également directement inspiré plusieurs approches dérivées, notamment l'approche de la gestion basée sur les compétences (Prahalad et Hamel, 1990 ; Wright et al., 2001), l'approche des « capacités dynamiques » (Teece et al., 1997 ; Teece, 2007) et l'approche basée sur les connaissances (Spender et Grant, 1996 ; Nonaka et al., 2000). Cette perspective multidimensionnelle de la gestion a ouvert la voie à de nombreuses recherches et développements dans les domaines de la stratégie et de la gestion des ressources humaines.

En somme, ce livre repose sur une perspective théorique, qui considère le capital immatériel comme une ressource stratégique contribuant à l'acquisition d'un avantage concurrentiel durable pour l'organisation. Par conséquent, le capital immatériel est perçu comme une ressource interne stratégique permettant aux entreprises de créer un avantage concurrentiel durable, comme le suggèrent Wernerfelt (1984), Barney (1991) et Grant (1991). Dans ce contexte, le manque de contrôle sur les ressources, qu'elles soient matérielles ou immatérielles, peut entraver la réalisation des objectifs de performance des entreprises cotées (Durand, 2015).

Ces ressources, souvent qualifiées de ressources « critiques, stratégiques ou différenciatrices », ne sont pas nécessairement liées à la propriété, mais plutôt à sa détention ou son contrôle par l'entreprise (Marchesnay, 2015). Par conséquent, les entreprises doivent identifier, utiliser, combiner et mobiliser leurs ressources de manière stratégique (Barney et Clark, 2007). Le simple fait de posséder ces ressources ne garantit pas un avantage concurrentiel durable.

La théorie des ressources met l'accent sur les ressources internes comme source d'avantage concurrentiel. Pour qu'une organisation conserve un avantage concurrentiel, ses ressources doivent être « valuable, rare, imperfectly imitable and non-substitutable » (VRIN), comme le décrit Barney (1991). Conformément à cette théorie, une organisation doit développer des compétences de base qui lui permettent de surpasser ses concurrents de diverses manières (Prahalad et Hamel, 1990). Les compétences reflètent la manière dont les ressources sont organisées (Arrègle, 1995) et impliquent « la capacité d'une entreprise à exploiter ses ressources en les concentrant » (Prahalad et Hamel, 1990).

### 1. Vers une redéfinition élargie de la notion de « ressources »

Marchesnay (2002, p. 52) soulève la question de « l'hétéroclité » de la définition de la notion de ressources étudiée dans les approches basées sur les ressources et leurs prolongements. Il souligne le manque d'évidence empirique dans la façon d'aborder les ressources, en concluant qu'*« un grand nombre s'attache à détecter des ressources clés ou distinctives pour déboucher sur les compétences, privilégiant de la sorte les connaissances et autres savoirs »*.

En effet, la littérature en management stratégique fait état d'une pléthore de définitions qui tentent chacune d'appréhender les ressources en les assimilant à des notions plus ou moins synonymes. Pour Dahan (2002), il existe une multitude d'expressions plus ou moins synonymes utilisées par les chercheurs de l'approche fondée sur les ressources : ressource, facteur stratégique, actif stratégique, compétence générique ou cardinale, capacité, etc., sans pour autant être clairement définies et différenciées. Ce qui va susciter un désintérêt pour le concept de « Ressources » au profit d'une multitude de notions, jugées équivalentes ou mieux adaptées par leurs auteurs respectifs.

Ainsi, Fall (2008) présente une synthèse de plusieurs travaux qui ont proposé une typologie des ressources, en s'appuyant sur des définitions données par plusieurs auteurs. La première typologie qu'il a présentée vient des travaux d'Arrègle (1995), qui identifie cinq (5) types de ressources :

**Tableau N°1 : Typologie de ressources**

| Auteurs | Concepts clés |
|---|---|
| Wernerfelt (1989) | 3 catégories : actifs « fixes » ayant des capacités à long terme (usines, équipements, employés ayant une formation spécifique…), les « blueprints » ayant des capacités illimitées (brevets, marques, réputation…), les « effets d'équipe » ou routines. |
| Barney (1991) | 3 catégories : physiques, humaines et organisationnelles |
| Grant (1991) | 6 catégories : financières, physiques, humaines, technologiques, organisationnelles et la réputation. |
| Black et Boal (1994) | 2 catégories : les ressources « limitées » (réseau simple, facilement appréhendable, ne permettant pas de générer des avantages concurrentiels durables) et les ressources « systèmes » (réseau complexe, générant des avantages concurrentiels durables). |
| Miller et Shamsie (1996) | 2 catégories et 2 sous-catégories : ressources basées sur la « propriété » ou sur la « connaissance » selon leur caractéristique « discrète » (contrats exclusifs ou encore les savoir-faire techniques). ou « systémiques » (savoir-faire liés à des équipes, des organisations, des réseaux de distribution…) |

Source : adapté d'Arrègle (1995).

La seconde typologie proposée est celle de Dahan (2002) qui distingue les actifs, les ressources, les capacités et les compétences génériques.

**Tableau N° 2 : Synthèse des principales définitions de l'approche par les ressources**

| Concepts | Définitions (s) |
|---|---|
| Actifs | ➢ L'ensemble des ressources et compétences d'une entreprise (Dierickx et Cool [1989]).<br>➢ « Le stock d'actifs stratégiques représente les actifs qui sont non-cessibles, inimitables et non-substituables (ibid.). »<br>➢ "Les actifs stratégiques sont l'ensemble des ressources et capacités de l'entreprise qui sont difficiles à vendre et à imiter, appropriables et spécialisées » (Amit et Schoemaker [1993]). |
| Ressources | ➢ « Les actifs (tangibles et intangibles) qui sont liés de façon semi-permanente à l'entreprise » (Wernerfelt [1984])<br>➢ Les ressources d'une firme incluent tous les actifs, capacités, processus organisationnels, informations, connaissances, etc., contrôlés par une firme afin de concevoir et de mettre en œuvre des stratégies améliorant son efficience et son efficacité (Barney [1991]).<br>➢ « Des stocks de facteurs disponibles possédés et contrôlés par l'entreprise » (Amit et Schoemaker [1993]). |
| Capacités | ➢ « Les capacités correspondent à la capacité d'une firme à déployer ses ressources, habituellement sous forme de combinaisons, en utilisant des processus organisationnels, afin d'atteindre un but désigné » (Amit et Schoemaker [1993]).<br>➢ « Les capacités incluent uniquement les attributs internes qui permettent à la firme de coordonner et d'exploiter ses ressources » (Barney [1997]). |
| Compétences génériques ou cardinales | ➢ « Les compétences génériques sont les attributs de la firme qui permettent aux managers de concevoir et de mettre en œuvre certaines stratégies de diversification » (Barney [1997]). |

Source : Dahan (2002)

Partant de sa synthèse présentée sur la base des travaux cités ci-dessus, Dahan (2002) propose une définition du concept de « ressources de l'entreprise » qu'il résume par deux notions : ressource et compétence. Il estime que ces deux notions constituent des acceptations plus ou moins unanimes.

**Tableau N°3 : Définitions officielles des termes de ressource et d'actif**

| Concepts | Définition(s) |
|---|---|
| Ressource | ➢ « De l'ancien verbe résoudre, se relever, lat. *resurgere*. » « Personne ou chose qui peut fournir le moyen de se relever, de se tirer d'embarras » (Dictionnaire de la langue française, Larousse).<br>➢ « Au sens large, les ressources recouvrent tous les types de moyens d'action appliqués à l'entreprise : ensemble des richesses humaines et matérielles de l'entreprise » (Office de la langue française, 1974).<br>➢ : « Moyens matériels ou pécuniaires d'existence ; possibilités d'action qui peuvent être mises en œuvre. » « Hommes, capitaux, équipement, matières premières dont peut disposer une communauté pour son maintien et son développement économique, social et politique. » (Office de la langue française, 1985). |
| Actif | ➢ « Tout bien ou valeur appartenant en propre à une personne physique ou morale. » De même, tout élément de patrimoine ayant une valeur économique positive pour l'entité est considéré comme un élément d'actif (Office de la langue française, 2001). |

*Source :* (Op cit, 2002)

Pour Duhan (2002), on peut partir de ces différentes définitions officiellement acceptées dans les approches fondées sur les ressources pour proposer une définition plus large de la notion de ressources appliquée à l'entreprise. Ainsi, il considère comme ressource *« tout moyen de développement de l'entreprise contrôlé par celle-ci »* (Duhan, 2002, p. 6).

Abondant dans le même sens, St-Amant et Renard (2004, P. 5) identifient les ressources à des facteurs de production en faisant référence *« aux moyens qui sont nécessaires pour réaliser la transformation des intrants en extrants et sont la propriété de la firme »*. Ce qui les amène à distinguer quatre (4) types de ressources : les ressources physiques composées des bâtiments, des bureaux et des matières premières ; les ressources financières qui rassemblent les moyens financiers nécessaires pour assurer le fonctionnement et le développement de l'entreprise ; les ressources technologiques qui désignent les moyens techniques et les artefacts techniques tels que les instruments, les outils, les machines, les procédés, les brevets et les méthodes, et enfin les ressources organisationnelles qui font référence à la structure de l'organisation, au mode de coordination, au pouvoir.

En revanche, une autre typologie des ressources est proposée par Arrègle (2006) qui s'appuie sur des termes souvent utilisés dans la littérature pour désigner les ressources. L'auteur souligne qu'il est important pour une entreprise de définir ses différents types de ressources afin d'en déterminer le rôle clé qu'elles peuvent jouer en tant qu'actifs stratégiques, permettant de développer un avantage compétitif.

**Tableau N°4 : Définition des différents types de ressources d'une entreprise**

| | |
|---|---|
| ***Les inputs*** | Il s'agit des facteurs génériques de production que l'entreprise achète et pour lesquels il existe un marché où ils s'échangent. Ces inputs ne sont donc pas spécifiques à une entreprise. Il peut s'agir d'une matière première ou, par exemple, de la main-d'œuvre « générique ». |
| ***Les ressources*** | Ce sont des actifs spécifiques à l'entreprise. Il n'existe pas de marchés sur lesquels ces ressources s'échangent. Elles peuvent être tangibles ou intangibles et sont créées à partir d'inputs qui sont transformés par l'entreprise en actifs spécifiques. Les grandes catégories de ressources sont : financières, physiques, humaines, technologiques, organisationnelles, et la réputation. |
| ***Les compétences*** | Ce sont des routines organisationnelles qui existent à travers plusieurs activités. Généralement, les compétences sont une notion systémique qui résulte de l'interaction entre une technologie, un apprentissage collectif, et des processus organisationnels.<br>Elles permettent de créer les nouvelles ressources de l'entreprise. Elles ne sont donc pas un substitut des ressources, elles facilitent ou permettent leur développement et leur accumulation. |

*Source* : Adapté d'Arrègle (2006)

Les différentes définitions et synthèses proposées ci-dessus exposent, sans être exhaustives, les principales typologies sur les « ressources » présentées dans les recherches en management stratégique. On retient que dans celles-ci, plusieurs concepts sont assimilés à la notion de ressources : compétences, actifs, routines, inputs, capacités, etc. Marchesnay (2002) précise que la plupart de ces recherches en management stratégique présentent des définitions parfois quasi-tacites, qui posent souvent un souci de classement taxonomique.

## 2. La théorie des ressources entre réduction des coûts et asymétrie d'information

Warnier et Lecocq (2006) ont étudié les stratégies collectives dans l'industrie du prêt-à-porter new-yorkais, soumis au phénomène de la mode et à une concurrence multi-acteurs. Leur analyse révèle que certains comportements collectifs tels les consensus sur la nature de la mode permettent une réduction des coûts de transactions (Williamson, 1975, 1985) et accroissent la performance collective du secteur. L'« agir collectif » permet aux entreprises, selon les auteurs, de commander les tendances de la mode et d'éviter au passage les risques d'une mauvaise perception des actions individuelles par les consommateurs. Cela n'exclut pas cependant, des différenciations qui portent sur des niveaux individuels générant parallèlement des avantages par rapport aux concurrents. Warnier et Lecocq (2006, p. 20) notent que *« l'uniformisation crée un effet de masse de l'industrie en la rendant visible et légitime vis-à-vis des stackeholders, qu'ils soient clients, fournisseurs ou distributeurs. La différenciation, quant à elle permet de rendre attrayante l'offre de l'entreprise considérée individuellement »*. L'approche des stratégies collectives s'inscrit ici dans une dialectique d'« opportunisme versus conformisme » pour gérer à la fois les intérêts individuels et collectifs. Le conformisme permet de gérer de façon collective l'incertitude (Bresser et Harl, 1986) et en corolaire réduire les coûts de transactions (Williamson, 1975). Les organisations, même concurrentes, doivent se lancer dans des démarches collectives afin de permettre une meilleure optimisation des ressources et des coûts.

Glais (1996) montre, dans une étude qui analyse les accords de coopération inter-entreprises, que les stratégies de coopération constituent souvent un instrument de promotion de l'efficience économique selon les formes allocutives, productives et dynamiques. Les résultats de son étude montrent que dans les bénéfices attendus de l'accord de coopération, la part des économies d'échelles a progressé de 64,1 %, celle des économies de coûts de transaction de 60 %, et la part des coûts de distribution a diminué de 66,9 %.

Ainsi, on peut comprendre que les stratégies collectives adoptées par des entreprises membres d'un groupement, présentent beaucoup d'intérêts sur un plan économique. Les différentes actions collectives menées dans ce cadre confirment l'intérêt de la démarche en ce qui concerne l'économie des coûts de transactions, la réduction des coûts de distribution et de production ; et la création d'économies d'échelles. Au regard, de l'efficacité des entreprises chinoises en Afrique, il est sans doute possible de penser qu'elles sont bien dans des stratégies collectives au regard des économies d'échelles opérées dans la collaboration.

De leur côté, Bresser et Harl (1986, p.418-419), dans leurs analyses des stratégies collectives, ont étudié la relation des niveaux d'interactions entre les entreprises, avec leurs effets immédiats sur l'environnement et l'incertitude dans la prise de décision. Ils concluent que *« quand les entreprises se lancent dans des comportements collectifs, celles-ci augmentent le niveau de mouvement environnemental grâce à une interdépendance contractuelle [...] ce qui permet à ces entreprises de disposer d'un volume d'informations leur permettant de réduire le niveau d'incertitude dans la prise de décision »*. Ainsi, les organisations arrivent à stabiliser leur environnement et donc réduire le niveau d'incertitude dans la prise de décision, grâce à un comportement coopératif. Loup, (2006) renforce cet argument, lorsqu'il étudie la pertinence des relations dialectiques qu'entretiennent les entreprises engagées dans une stratégie collective dans le secteur des métiers d'art. En plus de la réduction de l'incertitude, il montre que la collaboration entre entreprises concurrentes permet une augmentation de la capacité collective d'adaptation, et une socialisation des ressources et des compétences.

De même, Abbad (2007) souligne, dans une recherche sur les relations entre les grandes entreprises et les PMI du secteur agro-alimentaire, le rôle de la communication et son influence sur la confiance mutuelle des parties et leur engagement dans la relation. L'auteur montre que la communication permet de réduire l'asymétrie informationnelle, l'incertitude et les risques de l'opportunisme dans le cadre d'une coopération. Par conséquent, les entreprises pour maintenir et développer leur relation doivent augmenter leur engagement et leur confiance mutuelle à travers la communication.

Au vu de ces travaux, on peut déduire que dans le cadre des comportements coopératifs, les entreprises peuvent disposer de l'information nécessaire sur les marchés potentiels grâce à des investigations collectives ou à une communication interne. Cette forme de coopération n'échappe pas aux entreprises chinoises qui gagnent la plupart des marchés africains, notamment dans le domaine de l'infrastructure.

## Section 2 : L'intervention de la Chine : des IDE aux PPP

### 1. Évolution du concept d'IDE

« Pour de nombreux pays en développement, l'investissement direct étranger constitue, avec l'aide publique au développement et les prêts accordés par les banques privées, une des principales niches externes de ressources à investir. Il est aussi une activité d'une importance cruciale pour un nombre croissant d'entreprises originaires des pays industrialisés. De ce fait, il est au cœur des relations économiques entre pays en développement et pays industrialisés, entre le Nord et le Sud ».

Selon Oman (1984), il existe, cependant, une différence primordiale entre l'aide publique au développement et les prêts bancaires d'une part, l'investissement direct d'autre part ; tandis que le pays d'accueil détient la propriété du projet d'investissement dans le premier cas, dans le second, l'investisseur étranger garde normalement la propriété et la maîtrise de la gestion. Cette particularité de l'investissement direct a soulevé dès le milieu des années soixante certaines controverses quant à la question de savoir s'il répond réellement aux besoins des pays en développement et avec quel degré d'efficacité. Elle a aussi conduit certains d'entre eux à chercher à accroître par divers moyens la détention des droits de propriété par des intérêts locaux et leur maîtrise sur la gestion. Parmi les actions employées, on peut en noter plusieurs types :

- Nationaliser l'investissement étranger ;
- Favoriser la participation d'intérêts locaux au capital social d'entreprises communes avec des entreprises étrangères et imposer des limites à la part des droits de propriété que peuvent détenir les partenaires étrangers ;
- Utiliser les contrats clés en main, accords de licence et contrats de gestion et autres accords contractuels comme une alternative à l'ensemble d'actifs que fournissent normalement les investisseurs directs étrangers.

L'importance de l'investissement étranger et la vive controverse qu'il a soulevée ont conduit en fin 1979, à convoquer une réunion d'experts internationaux consacrée à ce thème (Oman, 1984). Parmi les sujets qui ont été les plus activement débattus à cette réunion, on a pu noter l'idée avancée par certains participants et mise en doute par d'autres, que, dans le cadre des relations Nord-Sud, l'investissement direct étranger était devenu obsolète et était remplacé par les nouvelles formes d'investissement. Le terme « nouvelles formes d'investissements », est défini et analysé en référence aux accords contractuels et autres entreprises communes auxquels nous avons fait allusion précédemment. Le transfert de technologie, la sous-traitance internationale dans les pays en développement ont tous montré qu'il était important et opportun d'entreprendre une étude sur les nouvelles formes d'investissement.

Nous pouvons ainsi, clarifier l'évolution réelle de l'utilisation des nouvelles formes d'investissement, les causes de cette évolution et leurs conséquences possibles. Ce cheminement traduit la volonté d'élucider le concept et de mettre au jour ce qui se passe réellement dans les investissements, mais aussi de mettre en lumière les forces et les faiblesses des points.

Cerner ce concept peut contribuer à une meilleure compréhension entre pays industrialisés et en développement, et ainsi améliorer leurs relations mutuelles, dans la mesure où les conséquences des politiques économiques sont mieux saisies par les décideurs concernés par l'investissement international, à la fois dans les pays d'accueil et les pays d'origine, en fonction de la manière dont ils définissent leurs intérêts spécifiques et leurs objectifs politiques.

Cette revue est fondée sur la première phase de l'étude menée en 1984, par le centre de développement de l'OCDE sur les nouvelles formes d'investissement dans les pays en développement. Elle s'inspire dans une large mesure des travaux menés en 1980-82 sur la base d'accords de collaboration avec des instituts et des chercheurs. Certaines études seront publiées comme un « Texte du Centre de Développement » intitulé : « *les nouvelles formes d'investissement international dans les pays en développement : la perspective nationale.* »

Une recherche menée par le centre est en chantier. Elle analysera l'utilisation des nouvelles formes d'investissement international par les entreprises dans des branches particulières, fournira des données relatives aux entreprises originaires des pays hôtes, et analysera les conséquences des nouvelles formes d'investissement pour les entreprises.

La période postérieure à la Deuxième Guerre mondiale se détache donc dans l'histoire de l'investissement international pour au moins deux raisons. D'une part, le volume des investissements effectués dans les pays en développement a crû à un rythme très rapide, bien supérieur à celui observé avant la Première Guerre mondiale. D'autre part, ces investissements ont principalement été réalisés sous la forme d'investissement direct. La manifestation la plus claire de ce phénomène dans les années cinquante et soixante a été la croissance rapide d'entreprises multinationales, souvent dirigées des États-Unis, par le biais de filiales « dépendantes » (c'est-à-dire dont la société mère possède soit la totalité, soit la majorité du capital social), aussi bien dans les pays développés que dans les pays en développement.

« Une expansion continue et rapide de l'investissement international dans les pays en développement a été observée au cours des années soixante-dix. La diversité croissante des formes qu'ont prises ces investissements depuis lors est plus difficile à interpréter, le volume de l'investissement direct étranger (IDE) dans les pays en développement ayant continué de s'accroître. Cependant, pendant cette décennie, non seulement les flux internationaux de capitaux financiers se sont accrus plus rapidement que l'IDE, mais une palette de formes nouvelles d'investissement est venue jouer un rôle croissant dans le contexte des relations Nord-Sud ».

En gros, l'expression « nouvelles formes d'investissement » (NFI) peut être définie, de manière générique, comme les investissements internationaux dans lesquels les investisseurs étrangers ne détiennent pas une participation majoritaire dans le capital social (Oman, 1984). Plus précisément, ils concernent :

➢ des entreprises conjointes où l'associé étranger détient moins de 50 % du capital social et,

➢ divers types d'accords contractuels internationaux qui, pour l'entreprise étrangère, ont, au moins en partie, la nature d'un investissement.

Les nouvelles formes d'investissement peuvent donc être considérées comme occupant une zone grise située entre deux types classiques d'activité internationale des entreprises, l'exportation et l'investissement direct dans des filiales « dépendantes ». Les NFI sont de nature assez diverse et peuvent être définies plus simplement par opposition avec ce qu'elles ne sont pas. Il ne s'agit, ni d'investissement direct étranger dans ce que nous avons appelé des filiales « dépendantes » que nous appellerons la forme « traditionnelle » de l'IDE, ni de prêt bancaire ou toute autre opération purement financière (même si des emprunts peuvent être utilisés pour financer ces formes nouvelles d'investissement). Selon la première, l'IDE traditionnel devient obsolète et est remplacé ou supplanté par les NFI. L'IDE peut retrouver son importance par rapport à l'endettement international et à « l'industrialisation sous endettement » dans certains pays en développement en particulier ceux qui se sont lourdement endettés dans les années soixante-dix (classes dirigeantes des pays d'accueil, entreprises multinationales et préteurs internationaux). De ce fait, les nouvelles formes d'investissement continueront à prendre de l'importance dans le contexte des relations Nord-Sud ces prochaines années, sans toutefois supplanter l'investissement direct.

Dans cette dynamique d'investissement Nord-Sud, quelle que soit sa forme, la Chine joue un rôle capital ces dernières années.

La suite de notre réflexion résume l'évolution des NFI sur une base sectorielle avec la Chine. Une présentation sera faite des données disponibles pour certains pays dans des secteurs bien définis et pour certaines industries extractives (pétrole et minerais métalliques). En ce qui concerne le secteur manufacturier, il est plus difficile de se prononcer, sur l'étendue du continent, d'une part, sur une substitution des formes nouvelles à l'investissement direct et d'autre part, sur la portée d'une nouvelle répartition des risques et des responsabilités entre les trois principaux acteurs ; mais il est clair que, d'une manière générale, les investissements augmentent de jour en jour.

En substance, les IDE permettent aux entreprises étrangères de s'engager directement dans des projets locaux, apportant non seulement des fonds, mais aussi des compétences techniques et des innovations. Cela peut prendre la forme d'investissements dans des infrastructures spécifiques, telles que la construction d'usines, de routes, ou d'hôpitaux, qui favorisent le développement local et créent des emplois.

Cependant, face aux défis croissants liés au financement et à la gestion des infrastructures, le PPP se distingue comme une approche de plus en plus adoptée. Ces partenariats articulent la capacité d'investissement du secteur privé avec les besoins d'investissement public, permettant ainsi une co-construction des infrastructures.

## 2. Notion de PPP

La définition de la notion de partenariat public privé (PPP) est complexe et assez floue. Selon Pollitt (2003), McQuaid (2000) et Linder (1999), le terme de PPP se transforme progressivement en un phénomène englobant plusieurs types de collaborations, de l'impartition simple à des ententes organisationnelles conjointes telles que les DSP et les IFP avec des significations multiples.

En effet, « les PPP sont des contrats de longue durée qui associent les compétences du secteur public et du secteur privé pour des opérations de conception, de construction, de financement et de gestion d'équipements et/ou de services publics. Ils offrent aux décideurs locaux la possibilité de faire participer le secteur privé à leurs investissements en garantissant la qualité du service public ». Autrement dit, un partenariat entre les secteurs public et privé désigne une entreprise de coopération entre le secteur public et le secteur privé, fondée sur le savoir-faire de chaque partenaire, qui répond le mieux aux besoins publics clairement définis par la répartition des ressources, des risques et des récompenses selon une méthode appropriée. Le partage des risques est à la source même du partenariat entre le secteur public et le secteur privé. Un facteur déterminant de réussite de tout partenariat est la détermination des risques associés à chaque élément du projet et la prise en compte des facteurs de risque, soit par le secteur public ou le secteur privé, soit peut-être par les deux en commun. Ainsi, pour en arriver à l'équilibre souhaité, l'objectif étant l'optimisation des ressources, il faut attribuer les facteurs de risque aux participants qui sont le mieux en mesure de les gérer, ce qui limite les coûts, tout en améliorant le rendement.

Également, des chercheurs à travers leurs articles et rapports ont tenté de définir diversement les PPP. W. Brinkerhoff et M. Brinkerhoff (2011) le définissent comme étant « une relation dynamique entre divers acteurs, fondée sur des objectifs mutuellement convenus, poursuivie par le biais d'une compréhension commune de la division du travail la plus rationnelle sur la base des avantages comparatifs respectifs de chaque partenaire. Le partenariat englobe l'influence réciproque, avec un équilibre minutieux entre la synergie et l'autonomie respectives, qui intègre le respect mutuel, la participation égale dans la prise de décision, la responsabilité mutuelle et la transparence ». En d'autres termes, les PPP sont définis comme des projets dans lesquels le secteur privé est associé à la conception, au financement, à la réalisation, à l'exploitation et au maintien du projet.

Par ailleurs, le Secrétariat du Conseil du Trésor du Canada[4], dans son document de politique-cadre sur les partenariats public-privé, définit la notion de PPP comme étant un contrat :

[4] https://www.tresor.gouv.qc.ca/fileadmin/PDF/faire_affaire_avec_etat/loi_reglements_politiques/Politique-cadre_Mars2010.pdf

- à long terme par lequel un organisme public associe une entreprise du secteur privé à la conception, la réalisation et l'exploitation de projets de l'administration publique ;
- qui établit un partage des responsabilités, des risques et des bénéfices entre les partenaires public et privé ;
- qui stipule des résultats à atteindre pour améliorer une prestation de services aux citoyens.

Une autre définition très pertinente des PPP et beaucoup plus axée sur le partage des risques a été donnée par un groupe de spécialistes influent du nouveau Parti travailliste du Royaume-Uni et ardent défenseur du principe d'économie mixte pour la prestation des services publics selon IRPP[5] (2001). Il définit les PPP « comme une entente de partage des risques entre les secteurs public et privé (y compris parfois le secteur bénévole) pour réaliser un résultat souhaité en matière de politique publique ».

Quelle que soit la multiplicité des définitions attribuées à la notion de PPP, elles s'accordent toutes toutefois sur le fait que le PPP doit nécessairement impliquer un partage des risques et des bénéfices entre les partenaires. Un véritable partenariat exige que les deux parties unissent leurs efforts pour coopérer en vue de la réalisation d'un objectif commun, le plus souvent associé à la prestation d'un service public.

En résumé, on peut définir la notion de PPP en synthétisant les différentes définitions développées précédemment. En ce sens, un partenariat public-privé est :

- une coopération entre acteurs publics, acteurs privés et, éventuellement acteurs associatifs,
- au sein de laquelle les différents acteurs peuvent réaliser leurs propres objectifs,
- tout en travaillant de manière commune sur la base de synergies potentielles,
- en partageant responsabilités, chances et risques,
- sur la base d'un contrat de coopération formalisé.

---

[5] IPPR : Institut de Recherche en Politique publique (*Institute for Public Policy Research (IPPR) en anglais*).

## 2.1 Avantages des PPP

Les PPP sont utilisés aujourd'hui de plus en plus pour pouvoir garantir aux citoyens un bien ou un service utile à leurs besoins, tout en respectant les principes inhérents aux services publics. Par conséquent, ils présentent des avantages énormes. Avec cette nouvelle forme de relation contractuelle entre les secteurs public et privé :

– les risques sont évalués rigoureusement et affectés au partenaire le plus apte à les gérer et les corriger.

– la productivité des administrations publiques se voit augmentée du fait de la mise en place de solutions novatrices et de l'émulation entre les deux secteurs.

– la prestation offerte au final est de meilleure qualité du fait de l'expertise dont auront su faire profiter les entreprises privées au projet.

– le projet est réalisé sous la forme d'une solution intégrée, développée par une seule entreprise : les morcellements disparaissent et permettent de diminuer le cycle de vie du projet et aussi de réduire les coûts.

– l'innovation est permise du fait qu'une fois fixés les objectifs de l'entente contractuelle, l'entreprise privée a le choix de mettre en place outils, procédures, technologies et matériaux.

– la gestion budgétaire se retrouve facilitée car l'entente entre partenaires fixe a priori le prix pour réaliser le projet.

– certains projets peuvent se révéler être des sources de revenus additionnels dans la mesure où l'infrastructure mise en place pour réaliser le projet excède la capacité nécessaire pour combler les besoins immédiats.

– les entreprises, fortes de l'expérience capitalisée dans le cadre de ce genre de partenariat, peuvent se permettre de vendre cette expertise singulière à l'échelle provinciale, fédérale et même internationale.

– enfin, la procédure de sélection du partenaire privé, quand elle a lieu, permet aux autorités publiques de faire jouer la concurrence et de s'engager avec le meilleur candidat suivant les critères retenus.

## 2.2. Les inconvénients des PPP

La solution partenariale du PPP, même si elle présente plusieurs avantages, ne permet pas d'écarter tous les problèmes et les contraintes auxquels sont soumis les gestionnaires publics. À ce titre, plusieurs inconvénients résultant des PPP sont aussi à noter.

### *2.2.1 Les coûts élevés du montage des dossiers initiaux*

Le montage initial du dossier reste une étape très importante, décisive et cruciale pour la réussite d'un projet réalisé en PPP. Cette étape permet de désigner le partenaire privé le plus apte à développer le projet en question, et ce en fonction de plusieurs critères de choix pertinents. Cette étape nécessite l'intervention de conseillers spécialisés (techniques, financiers, juridiques…), ce qui implique des dépenses très importantes pour le partenaire public chargé de cette étape.

Face à ces dépenses importantes, il y a un risque potentiel pour l'entité publique de recevoir peu d'offres compétitives. Par conséquent, et pour faire face à cette limite, deux principales conditions doivent être remplies à savoir :

- **Le degré d'importance du projet**

Le projet doit avoir une importance suffisante afin de pouvoir compenser les coûts liés au montage des dossiers initiaux par les économies générées lors de l'étape de l'exploitation.

- **L'organisation d'un appel à candidatures**

Afin de générer une motivation suffisante pour avoir de nombreux soumissionnaires, l'organisation globale du partenariat devra offrir au partenaire privé une possibilité de gain et de profit suffisante pour le pousser et l'inciter à proposer une offre. À titre d'exemple, l'entité publique peut proposer un dédommagement financier des offres non retenues, organiser des étapes de présélection pour limiter le nombre des soumissionnaires, etc.

### *2.2.2 La durée de la relation contractuelle :*

Les contrats de PPP sont généralement des contrats de longue durée (plus de 20 ans). Si les termes contractuels sont mal négociés, l'un des deux partenaires risque de se retrouver en situation désavantageuse pendant une longue période. Par conséquent, il est nécessaire de prévoir des modalités de renégociation des contrats.

### *2.2.3 Les coûts de financement supérieurs au financement public*

L'État peut, généralement, emprunter avec des taux d'intérêt inférieur et plus avantageux que ceux appliqués aux entreprises privées. Par conséquent, le souci de contrainte budgétaire ne devrait pas être la seule raison d'initier le Partenariat Public-Privé. Dans la plupart des cas, la subvention à verser au partenaire privé par l'entité publique reste du même ordre de grandeur que le montant total des intérêts en cas d'un emprunt. Et en effet, il y a lieu de signaler que les PPP ne sont pas une solution magique à la contrainte budgétaire, et si l'infrastructure, objet de partenariat public-privé, n'est pas en mesure de générer des recettes propres, l'État se trouvera dans l'obligation d'apporter les moyens financiers.

#### *2.2.4 La dilution des actifs publics*

Les projets de PPP se réalisent, dans la plupart des cas, sur des fonciers appartenant à l'entité publique. Par ailleurs, il est possible que les montages de PPP comprennent un transfert de propriété (des infrastructures et du foncier) vers le partenaire privé. Ce transfert peut causer une dilution importante des propriétés publiques.

De plus, quand on envisage, grâce à un projet de PPP, de transférer au partenaire privé des activités d'entretien, de gestion, d'exploitation et de maintenance d'une infrastructure et/ou un service, on accepte implicitement d'assumer les conséquences sur l'emploi au sein de l'entité publique. Pour y faire face, il existe plusieurs solutions potentielles (transfert des intéressés vers le partenaire privé) même si elles ne sont pas toujours faciles à mettre en œuvre à cause des oppositions syndicales et des résistances psychologiques.

Par ailleurs, les différentes formes de PPP existantes sont les délégations de service public (concession, affermage et régie) et les Initiatives de Financement privé (IFP)[6] que nous allons développer dans la seconde et dernière section du chapitre.

Cependant, il faut souligner que la privatisation et la sous-traitance ne sont pas considérées comme des PPP. En effet, la sous-traitance se définit comme « un transfert d'activités qui présentent un niveau peu élevé d'engagement et de risques alors que de son côté la privatisation se traduit par une cession définitive de la responsabilité d'un bien ou d'un service qui était auparavant au service public ».

D'autre part, l'importance des IDE et des PPP dans le développement économique à travers le renforcement des infrastructures a fait l'objet de débat théorique dans la littérature économique. Ce qui a poussé certains chercheurs à vérifier empiriquement l'impact des IDE et/ou des PPP sur le développement économique afin de confirmer ou d'infirmer les théories ayant abordé cette relation de causalité.

[6] PFI = Private Financing Initiative en anglais.

### 3. Contribution des infrastructures de partenariat public privé au développement économique

Ces dernières années, la nécessité de développer les infrastructures et les équipements publics, en tant que facteur de croissance économique important, a été fortement sentie dans les pays en développement. Or les allocations budgétaires du gouvernement ne permettent généralement pas de répondre à ces besoins (Diana Car-Pušiü, 2014).

En revanche, les organisations du secteur privé disposent d'un large pool de sources auprès duquel elles peuvent rechercher des financements sur les marchés financiers locaux et internationaux, selon l'OCDE (2016). Les gouvernements n'ont peut-être pas accès à toutes ces sources de financement ou n'y ont pas, du tout, accès. En conséquence, la participation du secteur privé à la fourniture d'infrastructures a été largement considérée et mise en œuvre comme méthode privilégiée de financement de la fourniture d'infrastructures. Cette collaboration entre les secteurs public et privé est cruciale pour accroître les sources de financement disponibles pour les infrastructures et réduire la pression sur les budgets. L'une des options consiste à associer des fonds et des compétences du secteur privé à la fourniture d'infrastructures et de services publics dans le cadre d'un partenariat public-privé (Pušiü, 2014).

« Les partenariats sont constitués dans le but de résoudre des problèmes économiques et sociaux. » En d'autres termes, les autorités publiques s'emparent d'une situation nécessitant une intervention de leur part et y associent des acteurs provenant du secteur privé dans la mise en œuvre du programme d'intervention publique. Les partenariats entre les secteurs public et privé concernent donc avant tout la production des actifs, ou prestations et services, liée à la gestion d'un problème public (santé, transport, énergie, etc.). C'est donc principalement dans la réalisation des prestations que de telles coopérations et collaborations entre acteurs publics et privés s'effectuent ».

Dans la littérature économique, un partenariat public-privé est généralement défini comme un contrat conclu entre une autorité locale, régionale ou nationale dûment autorisée et un partenaire privé assumant un partage clair des responsabilités et des risques afin de répondre à un besoin public donné (Fabre et Straub, 2019 ; Iossa et Martimor, 2014).

Une définition plus complète et plus large a été donnée par Grimsey et Lewis (2002) selon laquelle les PPP sont des accords en vertu desquels, des organismes du secteur public concluent des contrats à moyen et long terme avec des entités du secteur privé, pour la construction ou la gestion d'infrastructures du secteur public par l'entité du secteur privé, ou la fourniture de services par l'entité du secteur privé à la communauté pour le compte d'une entité du secteur public.

Dans ce sens, les recherches sur la relation entre infrastructure de PPP et croissance économique s'inscrivent dans le cadre de la théorie de la croissance endogène et se réfèrent en particulier aux travaux de Barro (1990). Selon cette théorie économique, la loi des rendements décroissants sur le facteur capital (dans le cas des infrastructures) montrerait que les pays les moins avancés, disposant d'un stock d'infrastructures plus faible, devraient avoir un retour sur investissement supérieur à celui des pays développés. Une élasticité estimée plus élevée pour les pays en développement justifierait davantage la nécessité de veiller à ce que des efforts accrus soient consentis dans le financement et la construction d'infrastructures. Si les budgets publics ne le peuvent pas, il conviendra de définir les conditions nécessaires et suffisantes pour que le secteur privé puisse assumer cette fonction et contribuer ainsi à réduire le déficit d'infrastructures considérable observé dans la région (Serebrisky et al., 2015).

Ainsi, la plupart des chercheurs conviennent que les principaux avantages des PPP sont de maximiser les gains d'efficacité. En conséquence, leur contribution aux infrastructures publiques ainsi que leur impact sur la croissance économique et la réduction de la pauvreté ont été au cœur des débats économiques durant ces dernières années (BM, 2016). Cependant, les études empiriques sur la relation entre PPP et croissance économique sont très limitées.

Reddy et Reddy (2015) ont mené une étude intéressante sur l'impact des investissements dans les projets d'infrastructure en PPP sur la croissance économique en Inde portant sur la période 1996-2013. Leurs résultats estimés du modèle montrent que leur impact est positif, mais il est jugé trop faible. Les estimations stipulent que la croissance de l'investissement en PPP dans les projets d'infrastructure ne permet pas de répondre aux besoins du PIB indien. Les objectifs de croissance inclusive et de croissance de 9 % du PIB ne peuvent être atteints que si le déficit en infrastructures de l'Inde est surmonté. Ils concluent que, pour atteindre cet objectif de croissance de 9 % du PIB, il est nécessaire non seulement d'adopter de bonnes politiques, mais également de les mettre en œuvre, et de faire un suivi approprié pour promouvoir les partenariats publics et privés dans les projets de développement des infrastructures.

En étudiant les effets des investissements publics et privés sur la croissance économique dans la période 1980-1997, Erden et Holcombe (2005) concluent à une corrélation positive pour un échantillon de 19 pays en développement et une corrélation négative pour un échantillon d'économies développées pour à peu près la même période.

Rahaman et al. (2005), dans une étude menée au Bangladesh, a constaté que les investissements publics et privés dans les infrastructures semblaient avoir des effets différents dans le long terme sur croissance économique du Bangladesh. Autrement dit, la productivité marginale des investissements publics et privés présente des contrastes au Bangladesh. Les investissements privés supplémentaires jouent un rôle beaucoup plus important dans le processus de croissance du Bangladesh.

Nazmi et Ramirez (1997), analysant l'impact des dépenses d'investissement publiques et privées en infrastructure sur la croissance économique, ont conclu que les dépenses d'investissement public avaient un effet positif significatif sur la croissance de la production. Dans le même temps, l'impact de l'investissement public sur la croissance économique était statistiquement identique à celui des dépenses en capital privé. Sa contribution à l'expansion de la production s'est toutefois faite aux dépens de l'investissement privé, ce qui indique un effet d'éviction important.

Au regard de ces résultats empiriques mitigés, la question de l'impact des projets d'infrastructure et particulièrement celles de PPP sur la croissance économique semble encore non complètement résolue. Dans la littérature, trois raisons sont avancées pour expliquer l'ambigüité des résultats empiriques : la mesure des infrastructures de PPP dans les études macroéconomiques, l'endogénéité de quelques variables de contrôle et la méthodologie utilisée.

Cette revue de littérature nous a permis, par ailleurs, de choisir le modèle d'ARDL (AutoRegressive Distributed Lag) parmi tant d'autres pour analyser empiriquement l'impact de financement chinois sur la dynamique économique de l'Afrique dans le court terme et le long terme.

### 4. Présence de la Chine en Afrique

Les relations entre la Chine et l'Afrique se sont considérablement développées. Depuis sa création en 2000, le Forum sur la coopération sino-africaine (FCSA) a favorisé la collaboration stratégique, qui s'est traduite par une forte augmentation des initiatives diplomatiques et de coopération entre la Chine et l'Afrique.

Ainsi la croissance des investissements chinois en Afrique, plus que d'actualité, est au centre de la politique et de l'économie internationale. La littérature laisse apparaître que l'approche chinoise des IDE sortants défie l'approche traditionnelle qui met en avant la stabilité politique et économique des pays récipiendaires, pour affirmer le besoin de changement de paradigme dans ce domaine.

### 4.1 Importance des IDE chinois

Le constat est que l'engagement de la Chine en Afrique est marqué par des relations étroites d'échanges, d'investissements et de financements. Nous pouvons dire que pratiquement tous les pays d'Afrique reçoivent des investissements directs étrangers (IDE) chinois, qui ne cessent de se diversifier dans différents secteurs porteurs. Dans le lot, on peut citer les industries pétrolières et minières qui dominent encore. Les services financiers, la construction et les industries manufacturières représentent désormais la moitié des apports de l'Afrique. Les banques chinoises ont accompagné des investissements d'infrastructure à grande échelle sur le continent et plus de 2 200 sociétés chinoises, privées pour l'essentiel, y opèrent actuellement. Le commerce avec la Chine a incontestablement contribué à la croissance économique de l'Afrique. Les exportateurs de matières premières ont notamment bénéficié d'une demande soutenue, accompagnée d'une hausse des prix, et les ressources naturelles non pétrolières de l'Afrique ont gagné en compétitivité en dix ans. Alors que la coopération commerciale Chine-Afrique entre dans une nouvelle phase, les perspectives de diversification des exportations sont bien réelles, notamment dans l'agriculture et les industries.

Les IDE chinois vers l'Afrique augmentent à un rythme soutenu depuis 2004, date à laquelle Pékin a adopté une série de mesures pour encourager les investissements à l'étranger, y compris des fonds d'investissement. Ils ont explosé pendant la crise financière mondiale de 2008, lorsque les gouvernements locaux chinois ont également lancé des programmes de prêts à conditions préférentielles. Les investissements dans les infrastructures, en particulier pour l'énergie et les transports, ont permis de s'affranchir des contraintes matérielles dont souffrent bon nombre de pays africains. Depuis quelques années, les investissements chinois portent aussi sur les fusions-acquisitions et sur la délocalisation ou le développement de sociétés manufacturières détenues par des intérêts chinois sur le continent.

Si l'investissement en Afrique a ouvert de nouveaux débouchés aux firmes chinoises, les pays africains en ont profité, grâce au transfert de compétences et de technologies associé, comme dans le secteur des infrastructures routières, les BTP, les mines, etc. Ainsi, les IDE chinois sont devenus une source importante de création d'emplois dans plusieurs pays, certaines sociétés ayant ouvert des filiales sur place, en particulier dans les industries manufacturières, grosses consommatrices de main-d'œuvre. Nous pouvons noter que certains centres de production sont tournés vers les exportations, profitant de l'entrée en franchise de droits de leurs produits en Chine, quand d'autres alimentent les marchés locaux et régionaux. Les entreprises locales vont devoir garder leur place de leader et leur attractivité avec le marché chinois à travers la hausse des investissements chinois et la création de nouvelles filiales chinoises en Afrique.

Par ailleurs, « l'engagement de la Chine en Afrique subsaharienne est croissant, tant dans les échanges commerciaux qu'au niveau des flux d'aide au développement et des investissements directs. Le commerce sino-africain a connu une croissance annuelle de 30 %, plaçant la Chine dans une position de partenaire commercial principal de l'Afrique ».

« L'orientation sectorielle des IDE chinois vers les infrastructures participe à la réduction du gap en infrastructures que connaît le continent et favorise les exportations (surtout de produits de base). Avec le développement récent de clusters industriels chinois en Afrique, les Zones Économiques Spéciales (ZES) relativement à l'exécution du plan quinquennal chinois 2006, la question des répercussions des IDE chinois en ASS se pose avec plus d'acuité. Des IDE chinois, surtout dans les régions d'implantation des ZES, il est attendu un effet positif sur les exportations de produits manufacturés des pays africains subsahariens hôtes. Il existe en effet un argument théorique selon lequel les IDE affecteraient positivement les performances à l'exportation des pays hôtes, à travers les externalités positives liées aux transferts de technologies et d'expertise acquise sur les marchés tiers ».

Du point de vue sectoriel, les IDE chinois affichent un panorama assez diversifié à travers les secteurs de la construction (réalisations d'infrastructures physiques de travaux de génie civil où la Chine a un avantage comparé), du pétrole, des mines, des télécommunications, du textile, de l'agriculture et de l'énergie. Une caractéristique de ces IDE, concernant le volet énergétique, c'est qu'ils sont surtout l'œuvre des grandes entreprises d'État chinoises ; l'explication provient du caractère stratégique des décisions d'investissement dans les domaines touchant de près ou de loin les besoins énergétiques chinois. Pour la réalisation des infrastructures physiques (routes, barrages...), la Chine demeure le premier partenaire bilatéral de l'Afrique avec 31 % des parts de marché pour les travaux de génie civil entre 2004-2006 (Foster et al. 2009).

Dans le cadre du partenariat entre les firmes chinoises et africaines, nous pouvons citer quelques exemples d'investissement chinois en Afrique :

Au Nigeria, le groupe chinois Yue Mei a investi 1,2 million de dollars en 2006 pour subventionner les industries manufacturières locales et 50 millions de dollars en 2007 pour créer un parc industriel dédié au textile, avec une chaîne de production complète. En 2009, le parc abritait 5 entreprises textiles et employait 1 000 ouvriers locaux. Aujourd'hui, le groupe gère 10 usines au Nigeria, possède des bureaux de vente dans d'autres pays d'Afrique et a créé une nouvelle usine au Sénégal.

En Tanzanie, en 2012, le stock total des investissements chinois atteignait 541 millions de dollars. La plupart des entreprises privées chinoises opèrent dans des secteurs de faible technologie et intenses en main-d'œuvre pour des produits destinés au marché local. Elles ont créé entre 80 000 et 150 000 emplois et la plupart assurent une formation managériale sur le tas. Plusieurs entrepreneurs locaux se sont lancés après un passage dans des firmes chinoises.

En Éthiopie, le groupe Huajian a investi quelque 10 millions de dollars pour créer une usine de chaussures. Avant de démarrer l'activité, il a envoyé plus de 90 employés suivre une formation technique en Chine.

Forte de cette réussite, la Chine se positionne désormais comme un partenaire et un investisseur de premier plan pour les pays africains.

### 4.2 Débats sur la présence chinoise dans le développement des infrastructures africaines

Le financement des infrastructures en Afrique par les IDE a été au cœur des débats. En fait, la nécessité de développer les infrastructures sur le continent africain a amené les gouvernements africains à s'ouvrir aux investissements étrangers dans ce secteur. Il était donc devenu facile pour les Chinois de s'impliquer, à mesure que les relations de la Chine avec l'Afrique se développaient, puisqu'ils y étaient invités. De ce fait, l'aide de la Chine dans la coopération économique, infrastructurelle et technologique bilatérale avec le continent africain a également augmenté de manière significative ces dernières années (Dadvar, 2016).

La croissance des IDE de la Chine en Afrique a ainsi contribué au développement économique de l'Afrique. On peut noter, par exemple, la politique chinoise des nouvelles routes de la soie, la construction éventuelle par la Chine de secteurs publics en Afrique, les routes, la recherche pétrolière et la coopération dans les domaines de la santé, de l'éducation, de la culture et de l'armée, qui peuvent tous stimuler le développement économique (Yu et al., 2020).

Cependant, le mode d'intervention de la Chine en matière de réalisation d'infrastructures en Afrique suscite beaucoup de craintes quant aux conditions d'octroi des financements et risques d'endettement. « La frénésie médiatique et les préoccupations géopolitiques peuvent parfois déformer l'ampleur et la forme de la participation chinoise dans les marchés africains. L'idée que la Chine achète l'Afrique avec la diplomatie de la dette est courante[7]. Cependant, les chiffres sur les investissements et les contrats sont souvent indiqués prématurément avant que le projet réel ne se matérialise, ce qui ne se produit pas. Le principal problème avec les entreprises chinoises est qu'elles ne fournissent pas de notification en temps opportun des modifications. Elles rapportent tout nouveau contrat de construction dans l'année civile, mais toute modification ou annulation peut survenir plus tard » selon (AEI[8], 2019).

En effet, l'implication du gouvernement de la Chine dans le développement de l'Afrique par le canal des investissements et particulièrement dans les infrastructures lourdes et légères fait l'objet de nombreuses critiques par des universitaires, experts et journalistes. Ces derniers taxent la Chine d'utiliser l'aide au développement pour tirer parti des investissements et des contrats pour l'extraction des ressources et des bénéfices géopolitiques (Fishman, 2006).

Allant plus loin, d'autres avancent que la Chine, en soutenant le développement d'infrastructures dans les pays dits « émergents », tend le piège de la dette à ses partenaires africains à travers la Belt and Road Initiative (Initiative des Routes de la Soie). « Le terme de Debt-trap

---

[7] The Telegraph (2018). China Raises Fears of 'New Colonialism' with $60 Billion Investment across Africa. September 3, 2018. https://www.telegraph.co.uk/news/2018/09/03/china-invest-60-billion-across-continent-raising-fearsnewcolonialism/ (Visité le 20 novembre 2019).

[8] Correspondance email avec Derek Scissors, American Enterprise Institute, 2019.

diplomacy » (***diplomatie par le piège de la dette***) apparaît pour la première fois sous la plume de l'universitaire indien Brahma Chellaney, en 2017, repris et popularisé en 2018 par le Vice-Président américain Mike Pence. Ce dernier accusait la Chine de précipiter les pays africains peu solvables vers un endettement non viable en pratiquant des taux d'intérêt élevés, cela afin d'acquérir un pouvoir de négociation accru, de contrôler ces infrastructures et d'obtenir des concessions politiques des dirigeants locaux ».

En s'appuyant sur l'expérience sri-lankaise relative au port d'Hambantota, ils avancent que la Chine aurait contraint les autorités sri-lankaises à céder la propriété du port à la Chine en échange d'un allègement de la dette du fait que le gouvernement sri-lankais était incapable de rembourser celle qu'il avait contractée auprès de la Banque d'exportation et d'importation de Chine (EXIMBANK).

Partant, il serait difficile de contester le levier politique chinois acquis grâce au financement des infrastructures. Le cas de Djibouti en est un parfait exemple dans la mesure où le Port de Doraleh a été inauguré suite à l'accord entre les deux pays en 2016. Il est suivi de l'installation de la première base militaire chinoise à l'étranger en 2017 qui permet à la Chine de sécuriser ses intérêts dans une zone où transite 30 % du commerce maritime mondial et où sévit la piraterie.

De plus, EXIMBANK a financé des projets d'infrastructures à hauteur de 1,4 milliard de dollars à Djibouti, et la dette du pays passait de 50 à 70 % de son PIB entre 2012 et 2020. Si la moitié de cette dette est due à la Chine, la priorité des autorités chinoises semble être davantage le maintien de son influence dans la Corne de l'Afrique que le paiement de la dette, tant et si bien que la Banque chinoise d'import-export a accepté, face aux difficultés de remboursement de Djibouti, de restructurer le prêt accordé pour le financement de la ligne Djibouti-Addis Abeba.

Par ailleurs, d'autres inquiétudes ont été soulevées qui portent notamment sur les procédures de passation des marchés et la qualité des infrastructures. Selon certaines institutions de recherche respectées comme l'Université Johns Hopkins et l'American Enterprise Institute (AEI), « le défi le plus criant pour l'engagement africain avec les investisseurs chinois, dans tous les secteurs et de toute origine, est le manque de données existantes. Cela est dû à la nature inconstante des contrats, à la confidentialité des entités chinoises et les incitations à ne pas signaler les transactions qui ont échoué après coup ».

En outre, une étude menée par la Fondation Friedrich Naumann[9] révèle que les dirigeants africains préfèrent plus collaborer avec les autorités chinoises qu'avec leurs concurrents occidentaux. Selon cette étude, « les dirigeants européens sont perçus comme moins efficaces que leurs homologues chinois dans la prise de décision. Ils interfèreraient moins dans les affaires politiques internes et auraient moins rarement recours à la corruption. Les personnes interrogées perçoivent en grande majorité la Chine comme le partenaire du financement des infrastructures physiques sur le continent ».

### 4.3 Autres axes d'intervention de la Chine en Afrique

L'évolution des investissements chinois offre de larges perspectives pour les pays africains, même si elle s'accompagne d'un certain nombre de défis. Les grands exportateurs de matières premières seront les plus touchés par le ralentissement de la demande et la chute des cours à mesure que la Chine réoriente son économie vers les services et la consommation. Mais la hausse des investissements chinois, publics et privés, en Afrique est l'occasion de renforcer les exportations manufacturières et agricoles et de développer les infrastructures. En outre, face au durcissement de la concurrence et la hausse des coûts en Chine, conjugués à l'existence d'une main-d'œuvre chinoise de plus en plus basse, les échanges commerciaux entre la Chine et l'Afrique ont ainsi atteint à peu près 100 milliards de dollars en fin 2010.

Brautigam (2009) estime que le budget de l'aide chinoise à l'Afrique, incluant les annulations de dettes et les prêts concessionnels, est passé de 1,4 milliard de dollars en 2007 à 2,5 milliards de dollars en 2009. Comme dans le cas du commerce et de l'aide, la tendance est également à la hausse depuis 2003 en ce qui concerne les investissements directs, même si les chiffres restent assez modestes. Le stock d'investissements directs étrangers (IDE) chinois en Afrique subsaharienne est passé de 462 millions de dollars en 2003 à 9,3 milliards en 2009 ; mais l'ASS n'a représenté que 9,8 % des flux IDE chinois et 3,5 % des stocks en 2008 (UNCTAD 2010).

---

[9] Il s'agit d'une étude intitulée « Le choc des systèmes : perceptions africaines de l'engagement de l'Union européenne et de la Chine », menée auprès de 1,600 décideurs du privé, d'ONGs, et d'administrations publiques de 25 pays.

Lors du forum investir en Afrique organisé en 2015[10], une recommandation phare a été formulée pour que l'Afrique puisse attirer davantage les IDE chinois. En effet, les sociétés chinoises devraient être plus nombreuses à sous-traiter les opérations manufacturières intensives en main-d'œuvre, et par ricochet les pays africains auraient une occasion unique d'attirer des investissements stratégiques et créateurs d'emplois en provenance de Chine et d'ailleurs. Dans certains cas, cela passe par une refonte des politiques et un effort délibéré pour attirer les investissements. À cet effet, il urge de mettre en place un cadre de gouvernance propice aux investissements qui repose sur :

- la baisse du coût de l'énergie ;
- le développement des transports ;
- l'élimination des barrières formelles ;
- l'élimination des barrières informelles aux échanges ;
- la flexibilisation du marché du travail.

Mais, il serait judicieux de rappeler que les investissements chinois en Afrique, considérables, pourraient avoir un impact encore plus grand sur la transformation économique et la diversification des exportations. Pour y arriver, les pays africains et la Chine doivent maximiser l'impact de leur partenariat sur le développement. Une approche proactive de la part des gouvernements africains et des entreprises privées africaines est indispensable. L'amélioration du climat des affaires pourrait attirer de nouvelles grandes entreprises chinoises qui, à travers leurs investissements en Afrique, apporteraient l'accès à la technologie, aux compétences et à la formation, permettraient un transfert de savoir et favoriseraient le rapprochement avec les chaînes de valeur mondiales.

Il ressort du survol de la littérature que le premier chapitre permet d'explorer l'approche théorique et que le deuxième met l'accent sur l'importance du financement des infrastructures. L'approche théorique nous a montré que les stratégies collectives dépendent inéluctablement de la nature des projets qui fait appel à plusieurs facteurs comme la taille, la coopération, l'investissement. Ainsi, ces facteurs nécessitent d'être liés aux différentes transactions qui en découlent. Et la mise en œuvre de ces facteurs nécessite la mobilisation de plusieurs ressources

[10] Investing in Africa forum, https://www.worldbank.org/content/dam/Worldbank/Event/Africa/Investing%20in%20Africa%20Forum/2015/investing-in-africa-forum-china-and-africa-expanding-economic-ties-in-an-evolving-global-context.pdf

(financière, technique, humaine, etc.). Cependant, dans le cadre de ce livre on s'intéresse aux goulots d'étranglement dans le financement des projets d'infrastructures en Afrique, particulièrement en ce qui concerne les secteurs du transport, des télécommunications, de l'énergie, de l'eau et l'assainissement, dont la réalisation est souvent conditionnée, dans le contexte africain, par les modes de financement et les niveaux d'intervention.

# CHAPITRE 2

# MONTÉE EN PUISSANCE DES FINANCEMENTS DE LA CHINE EN AFRIQUE

La montée en puissance des financements chinois en Afrique représente une tendance majeure qui a redéfini les dynamiques économiques et politiques sur le continent. Au cours des dernières décennies, la Chine est devenue un acteur clé dans le domaine des investissements et des prêts en Afrique, marquant un changement significatif dans le paysage traditionnel des bailleurs de fonds. Cette évolution a suscité des discussions approfondies sur les implications à court et à long terme de l'influence économique croissante de la Chine sur le Continent, allant de la construction d'infrastructures à la stimulation du développement économique.

Pour mieux appréhender cette montée en puissance, ce chapitre analysera d'abord l'évolution historique des financements chinois en Afrique, les comparera ensuite avec ceux des autres bailleurs de fonds, et présentera enfin une répartition sectorielle de ces investissements.

## Section 1 : Évolution historique des financements chinois

L'évolution historique des financements chinois en Afrique est l'un des points marquant la transformation significative des relations économiques et politiques entre les deux continents. Cette évolution reflète l'essor de la Chine en tant qu'acteur clé dans le financement des projets en Afrique. Ainsi, elle suscite à la fois des opportunités de développement et contribue à la prise en compte des préoccupations des économies africaines. Pour comprendre pleinement cette transformation, il est essentiel d'examiner les principales étapes de cette relation, de ses débuts dans les années 50 à ses développements les plus récents.

### 1 Les débuts de la coopération sino-africaine dans les années 1950-1960

La coopération sino-africaine, telle que nous la connaissons aujourd'hui, trouve ses racines après la Seconde Guerre mondiale, pendant la période de la décolonisation. Cette période a été marquée par des bouleversements politiques, économiques et géopolitiques mondiaux. Ceux-ci ont provoqué des changements profonds dans les relations internationales et ont ouvert la voie à la collaboration entre le continent africain et la République populaire de Chine.

Dans cette section, nous aborderons le contexte de la guerre froide et la décolonisation ainsi que les débuts de la coopération sino-africaine à travers ses premiers investissements symboliques.

### 1.1 Contexte de la Guerre froide et de la décolonisation

La fin de la Seconde Guerre mondiale a laissé un monde divisé entre deux idéologies majeures, le capitalisme soutenu par les États-Unis et le communisme promu par l'Union Soviétique. La rivalité entre ces deux puissances, caractérisée par la course aux armements, la propagande et les conflits idéologiques, a été le fondement de la Guerre froide. Les tensions ont éclaté avec la doctrine Truman (1947) et le plan Marshall (1948)[11] et se sont intensifiées avec la formation de l'OTAN (Organisation du traité de l'Atlantique Nord) par les États-Unis et de l'Organisation du Traité de Varsovie par l'Union soviétique, créant ainsi ces deux blocs avec des idéologies radicalement différentes et des systèmes politiques, économiques et sociaux opposés. Le bloc capitaliste était caractérisé par l'économie de marché, la propriété privée des moyens de production et la démocratie politique. Le bloc communiste, quant à lui, prônait la propriété collective des moyens de production, l'abolition de la propriété privée, la vision d'une société sans classes et un pouvoir politique fortement centralisé entre les mains du parti au pouvoir.

Dans ce contexte, les crises notables comme la guerre de Corée (1950-1953), la construction du Mur de Berlin (1961), la crise des missiles cubains (1962) et la guerre du Viêt Nam (1955-1975) illustrent la complexité des relations internationales de l'après-guerre marqué par l'opposition de ces deux blocs.

En effet, cette guerre a eu un impact significatif sur le processus de décolonisation. Les anciennes puissances coloniales européennes étaient affaiblies économiquement et politiquement et ont perdu leur légitimité pour maintenir le contrôle sur leurs colonies. Les mouvements nationalistes dans les colonies ont exploité les divisions entre les grandes puissances pour revendiquer l'indépendance en exigeant la fin du

[11] Marcou, Lilly. La Guerre froide. L'Engrenage. Éditions Complexe, 1987.

colonialisme et la reconnaissance des droits nationaux. L'URSS et la Chine n'hésitent pas à apporter une aide précieuse à bon nombre de ces mouvements de libération nationale en leur fournissant des armes, des munitions et une formation militaire dans l'espoir d'affaiblir le camp occidental et d'attirer vers eux ces nouveaux États.

Les puissances coloniales, notamment le Royaume-Uni et la France, ont cédé le contrôle sur leurs territoires face à des pressions internes et internationales. De nombreux pays d'Afrique en ont profité pour obtenir leur indépendance, grâce à l'aide de certains pays comme la République populaire de Chine qui cherchaient à étendre leur influence internationale. Ces événements ont eu des répercussions considérables sur les relations internationales et les contours de la géopolitique mondiale, ouvrant la voie à la Chine pour ses premiers investissements dans le continent africain.

### 1.2 Premiers investissements symboliques

La Chine a commencé à investir en Afrique dans les années 1950. À cette époque, elle était un pays en développement qui cherchait à étendre ses relations dans le monde. Les premiers investissements chinois en Afrique étaient principalement des investissements d'aide économique et technique. Elle fournissait des prêts, des subventions, des formations et des infrastructures, comme des routes, des ponts et des usines, aux pays africains afin de les aider à renforcer leur autonomie économique et consolider leur souveraineté. Ces premiers investissements ont été facilités par l'établissement formel de relations diplomatiques lors de la Conférence de Bandung (Indonésie) en 1955.

Ainsi, l'un des premiers projets notables de la Chine dans le continent a été la construction d'une usine textile à Alexandrie (Égypte) en 1956, le symbole de l'amitié sino-égyptienne. Il en est de même pour la construction du chemin de fer Tanzara de plus de 2000 kilomètres reliant la Tanzanie et la Zambie dans les années 70, qui a été financé et construit avec une assistance chinoise substantielle mobilisant 15 000 travailleurs chinois. Ces investissements étaient le symbole de la coopération sino-africaine naissante et montraient la volonté de la Chine de s'étendre sur le continent africain.

De là, la Chine a étendu son engagement dans le domaine des infrastructures en Afrique en s'impliquant dans la construction de barrages hydroélectriques, comme celui de Koka en Éthiopie, qui ont contribué à améliorer les capacités énergétiques des nations africaines, favorisant ainsi leur développement économique.

Ainsi, l'aide publique au développement de la Chine a atteint des niveaux élevés dans cette période. De 1956 à 1969, elle a fourni 2,476 milliards de dollars[12] d'aide à 36 pays africains, soit 58 % de l'aide étrangère totale du pays. Et, en 1974, 85 % de l'aide étrangère de la Chine a été consacrée à l'Afrique. Ces investissements sont la preuve de l'engagement de la Chine et ont été considérés aussi comme un moyen pour la République Populaire d'approfondir ses liens politiques et économiques sur le continent africain.

L'influence de la Chine dans le continent africain ne se limitait pas aux investissements symboliques érigeant des infrastructures emblématiques telles que des hôpitaux et d'autres projets clés. Elle envoyait également des équipes médicales dans certains pays, comme l'Algérie en 1963 où la Chine avait dépêché pour la première fois une équipe médicale à l'étranger. Les missions d'assistance médicale chinoises ont démontré la compétence et le professionnalisme des équipes impliquées, accompagnés d'un sens élevé des responsabilités, leur faisant ainsi gagner la confiance et le respect du peuple africain.

### 2 La chute des financements dans les années 1980-1990

Dans les années 80, les financements chinois en Afrique ont chuté de manière significative. Cette chute peut être comprise dans le contexte des événements économiques et politiques qui ont affecté à la fois la Chine et de nombreux pays africains au cours de cette période. La crise a été causée par une série de facteurs, notamment une inflation élevée, une dette croissante et une mauvaise gestion économique, ce qui a d'ailleurs incité la Chine à une réorientation vers l'économie de marché et entraîné une stagnation des relations sino-africaines.

#### 2.1 Réorientation de la Chine vers l'économie de marché

La Chine a traversé des transformations économiques majeures dans les années 80 avec l'adoption de réformes axées sur l'ouverture économique et la modernisation. Ces réformes ont été conçues pour introduire des éléments de marché dans l'économie tout en modernisant l'agriculture, l'industrie, la défense, la science et la technologie. Cette période de réformes et d'ouverture a engendré un changement de cap significatif vers une économie socialiste de marché. La Chine a

12 https://www.jeuneafrique.com/brandcontent/1205194/relation-chine-afrique-100-ans-dhistoire-developpement-commun/

commencé à se concentrer davantage sur son développement intérieur et à réévaluer ses priorités en matière d'aide étrangère.

En parallèle, ces années ont été une période de défis économiques pour de nombreux pays africains. La crise de la dette qui a touché plusieurs nations du continent a conduit à des ajustements structurels sous l'égide du Fonds Monétaire international (FMI) et de la Banque mondiale. Ces ajustements ont souvent impliqué des politiques d'austérité et des réductions budgétaires, rendant les pays africains plus dépendants des aides et prêts étrangers.

Ainsi, ces facteurs ont eu des répercussions sur les investissements étrangers chinois en Afrique. La Chine, tout en continuant d'entretenir des relations diplomatiques avec de nombreux pays africains, a réorienté ses priorités économiques et d'aide. Le budget chinois pour l'aide étrangère a été réajusté, et les financements en Afrique ont connu une certaine diminution.

En effet, de 1982 à 1989, les investissements étrangers chinois sont passés de 6,49 à 3,94 milliards de dollars, soit une diminution en moyenne de 40 %.

**Figure 1 : Évolution du stock des investissements étrangers de la Chine en Afrique en milliards de dollars**

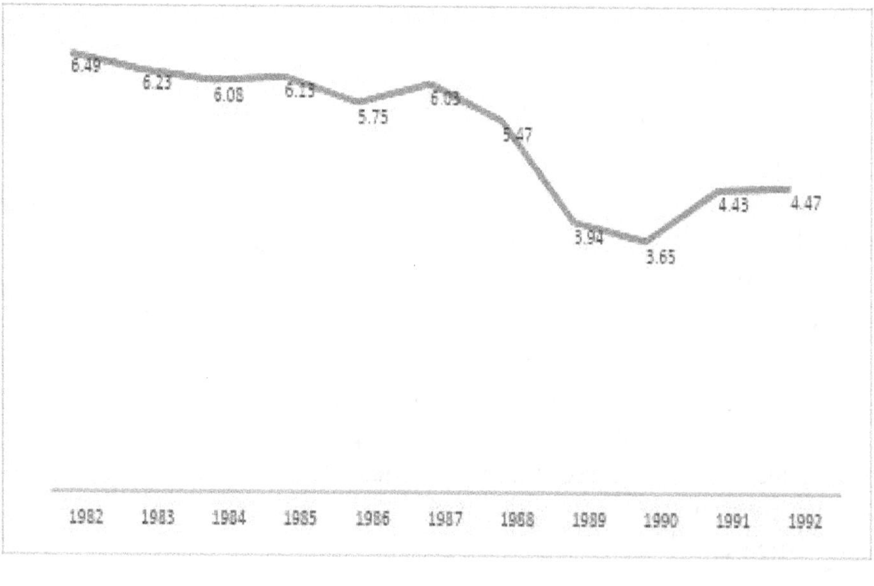


Source : US Bureau of Economic Analysis, 2023

### 2.2 Stagnation des relations sino-africaines

Les réformes entreprises par la République Populaire de Chine et les ajustements structurels subis par le continent africain ont eu un effet négatif sur les relations sino-africaines dans les années 90. En effet, la réorientation économique de la Chine a conduit à une réduction des aides et des prêts accordés à certains pays africains. Sa priorité à cette époque était de se concentrer sur son développement interne en abandonnant en partie son modèle économique socialiste planifié au profit d'une économie de marché socialiste.

Le ralentissement de ces relations a pu entraîner une baisse des échanges économiques entre la Chine et certains pays africains pendant cette période. De même, les investissements et les projets communs ont pu connaître un déclin relatif. D'ailleurs, pendant cette période, les investissements étrangers de la Chine ont stagné, variant de 4,43 à 4 milliards entre 1992 et 1997. La Chine, priorisant son développement intérieur, a choisi de réorienter ses investissements vers d'autres régions du monde, laissant certains projets en Afrique en suspens. De plus, elle avait commencé à réformer sa méthode d'aide étrangère avec des prêts préférentiels pour certains pays africains.

Toutefois cette stagnation des relations sino-africaines, due à des facteurs économiques, politiques et géopolitiques spécifiques ne durera pas longtemps. Cette période a été suivie d'une nouvelle ère de coopération et d'engagement mutuelle entre les deux partenaires.

## 3 La reprise à partir des années 2000

Au début des années 2000, les relations sino-africaines ont retrouvé leur dynamisme avec une augmentation significative des investissements chinois sur le continent. Ainsi, la période de ralentissement dans les années 1990 peut être considérée comme une phase transitoire, précédant une nouvelle ère de coopération entre deux communautés au destin partagé.

La Chine est devenue un acteur économique majeur sur le continent, en intensifiant ses investissements dans divers secteurs, y compris les infrastructures, les ressources naturelles et les télécommunications, avec l'internationalisation de ses entreprises encouragées par son gouvernement.

### 3.1 Besoins croissants de l'Afrique en infrastructures

L'industrialisation du continent africain, où la population active augmente chaque année de douze (12) millions de personnes, est incontournable pour éliminer la pauvreté et créer des emplois. Le retard industriel du continent s'explique principalement par le manque d'infrastructures de production électrique, hydraulique et de transports, lesquelles pourraient permettre aux entreprises de prospérer dans des industries aux forts avantages comparatifs. Ce besoin croissant en matière d'infrastructures de l'Afrique à plusieurs niveaux est une réalité indissociable de son développement économique et social dans un contexte où la population du continent augmente de manière significative.

Un des principaux besoins concerne les infrastructures de transport qui sont essentielles pour favoriser la connectivité régionale et internationale. Les réseaux routiers, ferroviaires, aériens et maritimes doivent être modernisés et étendus afin de faciliter les échanges commerciaux, stimuler le tourisme et encourager les investissements.

Parallèlement, le secteur de l'énergie doit être aussi renforcé pour répondre à la demande croissante. C'est pourquoi l'Afrique cherche à diversifier ses sources d'énergie en investissant dans les énergies renouvelables, telles que l'énergie solaire, éolienne et hydraulique. Ces efforts visent non seulement à garantir un approvisionnement énergétique fiable, mais également à promouvoir le développement durable et à atténuer les effets du changement climatique.

Les besoins en infrastructures sociales ne sont pas aussi en reste, avec un accent particulier sur l'éducation et la santé. La construction et la modernisation d'écoles et d'hôpitaux sont essentielles pour améliorer l'accès aux services de base et renforcer les capacités humaines. Une main-d'œuvre bien éduquée et en bonne santé est un moteur essentiel du développement économique à long terme.

Les technologies de l'information et de la communication (TIC) jouent également un rôle clé dans la transformation de l'Afrique. L'expansion des réseaux de communication à large bande et l'accès généralisé à Internet sont essentiels pour promouvoir l'innovation, stimuler l'entrepreneuriat et accroître la compétitivité sur le marché mondial.

Ce besoin en infrastructures, qui explique aujourd'hui le retard de l'Afrique par rapport à d'autres régions du monde, résulte en partie de l'adoption des programmes d'ajustement structurel qui ont poussé les gouvernements africains et leurs partenaires au développement à réduire la part des ressources consacrée aux infrastructures au cours des années 1980 et 1990. De plus, la hausse de l'accumulation de capital amorcée au début des années 2000 n'a pas été suffisante pour combler le retard de l'Afrique en matière d'infrastructures.

Le Forum sur la Coopération sino-africaine (FCSA), lancé en 2000, avait mis ces manquements sur la table pour qu'ils servent de catalyseur à l'intensification des projets d'infrastructures. Dans les années suivantes, la Chine a financé et construit des autoroutes, des ports, des aéroports et des lignes ferroviaires dans plusieurs pays africains. Un exemple notable est le chemin de fer Mombasa-Nairobi au Kenya, achevé en 2017, symbolisant l'engagement continu de la Chine dans le développement des infrastructures en Afrique.

D'après des estimations de la Banque africaine de Développement (BAD), 130 à 170 milliards de dollars seraient nécessaires au développement infrastructurel du continent, avec un besoin de financement de l'ordre de 67,6 à 107,5 milliards de dollars par an[13]. Les calculs de ces estimations ont été effectués sur la base des objectifs suivants :

- développer chaque année 7000 mégawatts supplémentaires de nouvelles capacités de production d'électricité (environ la moitié grâce à des systèmes de stockage d'eau polyvalents) ;
- favoriser le commerce régional de l'électricité en installant 22 000 mégawatts de lignes de transport transfrontalières ;
- compléter le réseau dorsal inter-régional à fibre optique et la boucle de câbles sous-marins continentaux ;
- interconnecter les capitales, les ports, les points de passage frontaliers et les villes secondaires avec un réseau routier de bonne qualité ;
- offrir un accès routier accessible en toute saison aux terres agricoles à haute valeur naturelle de l'Afrique ;
- plus que doubler les zones irriguées d'Afrique ;
- atteindre les ODD en matière d'eau et d'assainissement ;
- accroître de 10 points de pourcentage, le taux d'électrification des ménages ;
- fournir des systèmes globaux de signalisation vocale mobile et d'accès public au haut débit à 100 % de la population.

[13] https://www.afdb.org/fileadmin/uploads/afdb/Documents/Publications/2018AEO/Perspectives_Economiques_en_Afrique_2018_-_fr_Chapitre3.pdf

Le ralentissement économique provoqué par la pandémie de la Covid-19 a eu des impacts divers sur les économies des pays africains et a entraîné une baisse du financement des infrastructures due à l'incertitude des investisseurs.

Néanmoins, le niveau de développement des infrastructures des pays africains connaît une évolution et varie en fonction des pays. Elle a contribué de plus de la moitié à la dynamique de la croissance économique en Afrique au cours des dernières années, selon la BAD, et pourrait alimenter davantage cette dynamique. La BAD, dans son Bulletin économique de 2020, liste les pays d'Afrique qui ont le score de développement d'infrastructures le plus élevé, comme le montre la figure suivante. Cet Indice de développement des infrastructures en Afrique (AIDI) prend en compte les quatre composantes de l'indice des infrastructures, à savoir : les transports ; l'énergie ; les TIC ; et l'eau et l'assainissement.

À noter que, dans le souci de satisfaire les besoins en infrastructures, le deuxième sommet de Dakar sur le Financement des infrastructures en Afrique s'est projeté dans un programme de soixante-neuf (69) projets, d'une valeur de 160 milliards de dollars qui sera porté par des entreprises nationales et internationales.

**Figure 2 : Indice composite de développement des infrastructures en Afrique en 2020**

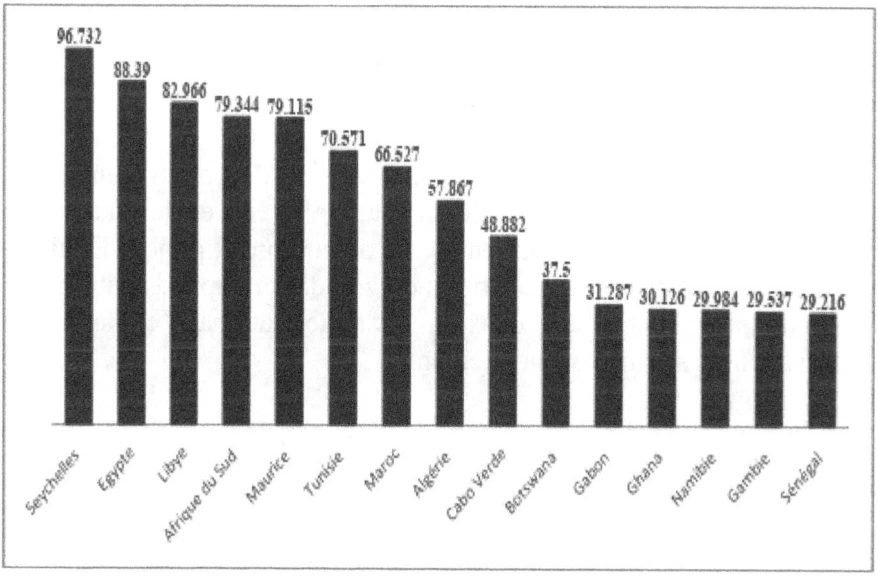


Source : Bulletin économique- BAD - Indice de développement des infrastructures en Afrique (AIDI) 2020

### 3.2 Internationalisation des entreprises chinoises encouragée par l'État chinois

L'internationalisation des entreprises chinoises a été une stratégie clé dans le cadre de la croissance économique globale du pays. Cette politique, souvent associée à l'initiative Belt and Road (Nouvelle Route de la Soie), a été mise en œuvre pour promouvoir l'influence économique de la Chine à l'échelle mondiale. Au fur et à mesure que la Chine évoluait vers une économie de marché, le gouvernement chinois cherchait à stimuler la compétitivité des entreprises chinoises sur la scène mondiale en leur accordant un soutien financier qui pouvait prendre la forme de subventions, de prêts à taux préférentiels ou de garanties. Ainsi, l'initiative de Belt and Road (BRI) est un exemple de renforcement de l'influence chinois. Elle accroît les liens économiques entre la Chine et d'autres pays en développant des infrastructures telles que des routes, des ports et des pipelines pour créer des opportunités aux entreprises chinoises.

En effet, la détermination du gouvernement chinois à renforcer l'internationalisation de ses entreprises a été accompagnée en réalité par l'entrée en 2001 de la Chine à l'OMC ; celle-ci visait à soutenir l'effort des entreprises pour investir à l'étranger de manière à conforter le flux des exportations et à leur assurer une présence forte et durable dans les autres marchés, surtout en Afrique. Cela peut aussi s'interpréter comme une preuve qu'elles ont acquis des avantages concurrentiels spécifiquement suffisants pour investir avec succès à l'étranger (Goldstein et Pusterla, 2010).

Depuis cette période, les investissements chinois en Afrique ont explosé en passant de 1 à plus de 44 milliards de dollars comme le montre la figure suivante. La diplomatie chinoise en a été le catalyseur, associant aides et prêts publics en faveur de nombreux projets d'infrastructures, ces derniers étant confiés à de grandes entreprises publiques. Cette dynamique s'inscrit dans la stratégie nationale chinoise de sécurisation de ses approvisionnements.

**Figure 3 : Évolution des IDE (stock) de la Chine en Afrique en milliards de dollars**

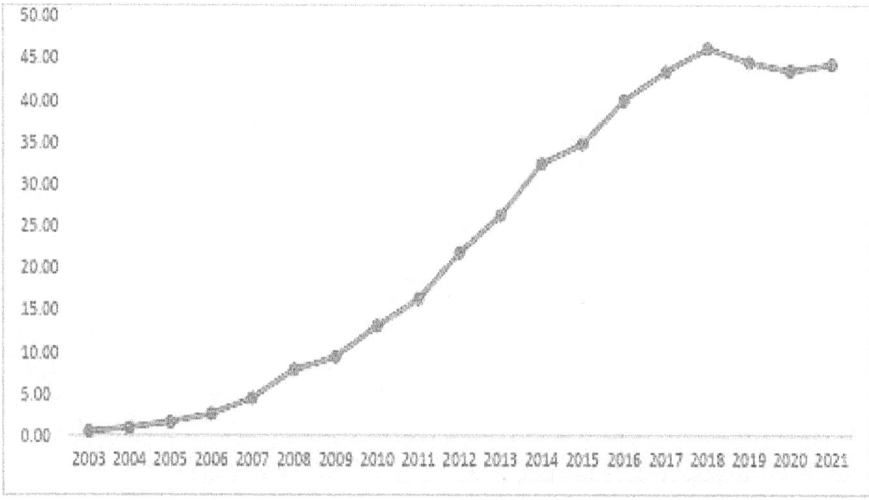


Source: China Statistical Yearbook: "Oversea Direct Investment by Countries or Regions", various years Statistical Bulletin of China's Outward Foreign Direct Investment, various years, 2023.

Actuellement, plus de 10 000 entreprises chinoises[14] évoluant dans des domaines très diversifiés ont été recensées en Afrique selon le cabinet McKinsey. Ces entreprises sont des firmes d'État, des entreprises privées et des PME. Les premières sont surtout actives dans le BTP (infrastructures urbaines, routes, chemins de fer, barrages, hydro-électricité), l'exploitation forestière, l'extraction minière et pétrolière. Leurs investissements se concentrent dans les pays les mieux dotés en matières premières (Angola, Algérie, RDC, Sénégal, Ghana) et ceux ayant un grand marché intérieur (Nigeria, Éthiopie, Afrique du Sud). Les investissements des entreprises, quant à eux, sont plus concentrés dans le secteur du transport, notamment la construction de routes, de ponts, de chemins de fer, de ports, etc. D'ailleurs, la Chine est devenue le principal acteur du boom des infrastructures sur le continent, participant au financement des projets à hauteur de 40 % (Forbes, 2021), une part qui ne cesse d'augmenter, dans le cadre notamment du programme stratégique chinois des « Nouvelles routes de la soie ». Ces investissements sont essentiellement captés par le secteur des transports qui abrite le record de prêts chinois en Afrique avec une moyenne de plus de 110 milliards de dollars sur la période de 2016 à 2020.

---

[14] https://www.forbes.fr/finance/quelle-strategie-pour-la-chine-en-afrique/

### 3.3 Multiplication des mégaprojets d'infrastructures financés par la Chine

L'infrastructure revêt une importance particulière, car c'est un moteur de la croissance économique. Les dernières estimations de la Banque africaine de Développement (BAD) montrent que l'Afrique a un besoin de financement de l'ordre de 67,6 à 107,5 milliards de dollars par an pour combler son déficit dans ce secteur, lequel a d'ailleurs été l'un des premiers dans lequel la Chine a investi sur le continent africain. Elle développe des entreprises et des services compétitifs disposant d'un savoir-faire spécialisé dans la réalisation des travaux publics et qui ont mené à bien des grands projets d'infrastructure sur son territoire. Selon la BAD, plus de 35 pays africains ont conclu des accords de financement de l'infrastructure avec la Chine. Les engagements de cette dernière dans le financement des infrastructures en Afrique se sont élevés à plus 25,7 milliards USD en 2018 à 6,7 milliards USD en 2019 et 6,5 milliards USD en 2020[15]. Cette baisse est due en grande partie de l'effet de la Covid-19 et en raison des préoccupations de la Chine, relatives à la situation de la dette extérieure des pays africains.

Toutefois, l'essentiel des nouvelles capacités de production d'électricité en Afrique est financé par la Chine. Elle est le principal investisseur, loin devant la France et l'Italie. Et, selon le dernier rapport publié par l'Agence internationale de l'énergie, plus de 80 grandes centrales électriques construites en Afrique sont chinoises. Les entreprises chinoises construisent actuellement plus de 30 % des nouvelles capacités électriques en Afrique, soit plus de deux cents projets entre 2010 et 2020.

La Chine a également financé de nombreux projets routiers et ferroviaires, portant à la fois sur la remise en état des lignes ferroviaires existantes et sur la construction de nouvelles lignes. Selon le chargé d'affaires de l'ambassade de Chine au Nigeria (Zhao Yong), la Chine a réalisé plus de 6 000 km de voie ferrée, 6 000 kilomètres de route, ainsi que près de 20 ports depuis 2000. Le projet ferroviaire Djibouti-Ethiopie et la ligne de Chemin de fer au Nigeria reliant Lagos à Kano sont des exemples parfaits. Elle contribue également à la mise en place de l'infrastructure d'information et de communication du continent qui est estimé à plus de 3 milliards de dollars, le plus souvent en fournissant du matériel aux entreprises nationales. De surcroît, selon le ministre des

[15] Tendances du Financement des Infrastructures en Afrique 2019-2020 (rapport de l'ICA).

Affaires étrangères de la Chine, la Chine a contribué à la construction de plus de 130 hôpitaux et cliniques, de plus de 170 écoles, et de 45 stades et gymnases, et à la mise en œuvre de plus de 500 projets agricoles[16].

En somme, les projets d'infrastructures de la Chine en Afrique ne cessent de se multiplier depuis la reprise de la coopération dans les années 2000. De ce fait, l'investissement total dans les projets d'infrastructure en Afrique a atteint plus de 200 milliards de dollars sur la période de 2000 à 2020, d'après le livre blanc intitulé « *La Chine et l'Afrique dans la nouvelle ère : un partenariat d'égalité* ».

Toutefois, il faut rappeler que le pic des financements de la Chine vers l'Afrique a été atteint en 2016 avant de connaître une baisse sur la période de 2017-2020 comme l'indique la figure suivante.

**Figure 4 : Évolution des financements chinois en Afrique**

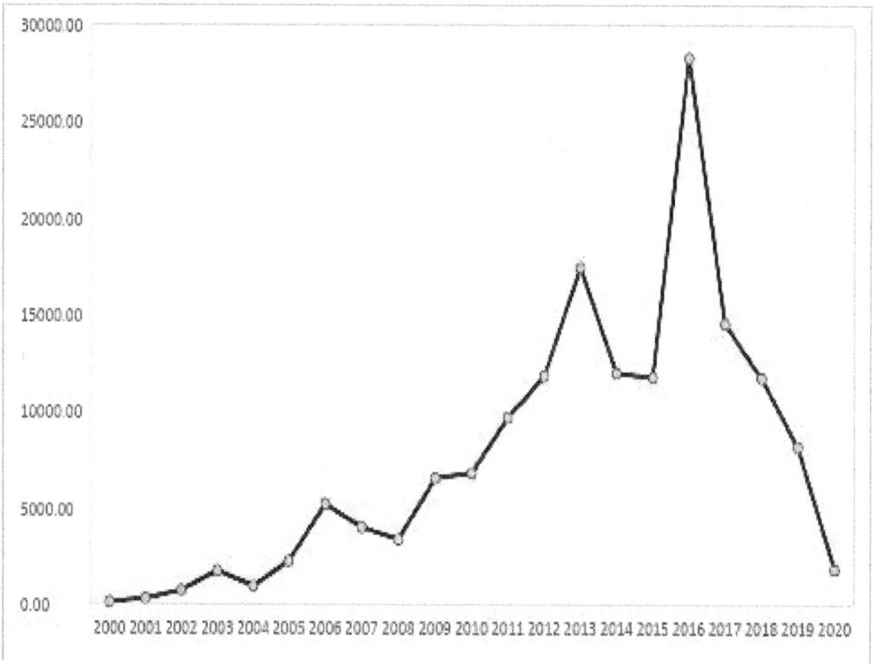


Source : Calcul de l'auteur à partir de la Base de données des prêts chinois à l'Afrique, 2024

[16] Forum sur la coopération sino-africain. http://www.focac.org/fra/zfzs_2/202303/t20230327_11049387.htm

## Section 2 : comparaison des financements chinois avec ceux des autres bailleurs de fonds

Les anciennes puissances coloniales, comme la France, le Royaume-Uni et les Pays-Bas, investissent depuis longtemps dans leurs anciennes colonies. Cet investissement a été motivé par divers facteurs, notamment les intérêts économiques, les liens politiques et le sentiment d'obligation morale. Ces dernières années, le volume des investissements des anciennes puissances coloniales a diminué à mesure que ces pays se sont tournés vers d'autres régions du monde. Ils restent néanmoins des investisseurs importants dans certains pays en développement, notamment en Afrique.

Les États-Unis et les Institutions Financières Internationales (IFI), telles que la Banque Mondiale et le Fonds Monétaire international (FMI), jouent aussi un rôle important dans le financement de projets de développement dans les pays en développement. Les investissements américains sont généralement motivés par des intérêts commerciaux, mais ils peuvent également être utilisés pour soutenir la politique étrangère américaine. Les IFI, quant à elles, accordent généralement des prêts et des subventions aux gouvernements et aux entreprises privées.

### 1 Financements occidentaux

### 1.1 Analyse des investissements français en Afrique

#### *1.1.1 Durant la période coloniale*

Les investissements français en Afrique pendant la période coloniale étaient importants et variés, englobant à la fois des projets privés et publics. Ces investissements ont joué un rôle important dans l'élaboration du paysage économique, social et politique du continent, avec des conséquences à la fois positives et négatives.

L'expansion coloniale de la France en Afrique a été motivée par une combinaison de facteurs économiques, politiques et stratégiques. Sur le plan économique, la France cherchait à garantir l'accès aux matières premières et aux marchés africains pour ses produits manufacturés. Politiquement, la France visait à étendre son influence mondiale et à s'imposer comme une puissance majeure. Stratégiquement, la France considérait ses colonies comme vitales pour ses intérêts de défense et de sécurité.

Les premiers investissements français en Afrique (1830-1880) étaient principalement concentrés sur les zones côtières et motivés par des intérêts commerciaux. Les marchands français avaient établi des postes de traite et des usines le long de la côte africaine, exportant des marchandises telles que l'ivoire, l'or et les esclaves. Par la suite, entre 1880 et 1914, période marquée par la ruée vers l'Afrique, elle a étendu son empire colonial en Afrique, acquérant de vastes territoires en Afrique Occidentale et Centrale. Cela a conduit à une augmentation significative des investissements français en Afrique, la France cherchant à exploiter les ressources de ses colonies et à les développer en tant que marchés pour ses produits manufacturés. En 1914, elle représentait plus de 60 % du commerce total de l'Afrique. La période entre la Première et la Seconde Guerre mondiale (1914-1945) a été marquée par le développement des infrastructures dans les colonies françaises. Après la Seconde Guerre mondiale (1945-1960), les investissements français en Afrique ont commencé à se diversifier au-delà des infrastructures et de l'extraction des ressources. La France a commencé à investir dans des secteurs tels que l'industrie manufacturière, l'agriculture et le tourisme. Cette diversification a été motivée par un certain nombre de facteurs, notamment le déclin du colonialisme, la montée du nationalisme en Afrique et l'émergence de nouveaux marchés pour les biens et services français. En 1950, la France fournissait plus de 30 % de l'aide totale au développement de l'Afrique.

Au total, les investissements français en Afrique pendant la période coloniale peuvent être globalement classés en trois domaines principaux que sont le développement des infrastructures, l'extraction des ressources et le financement des programmes sociaux et éducatifs.

**Figure 5 : Les investissements français en Afrique (en millions de francs)**

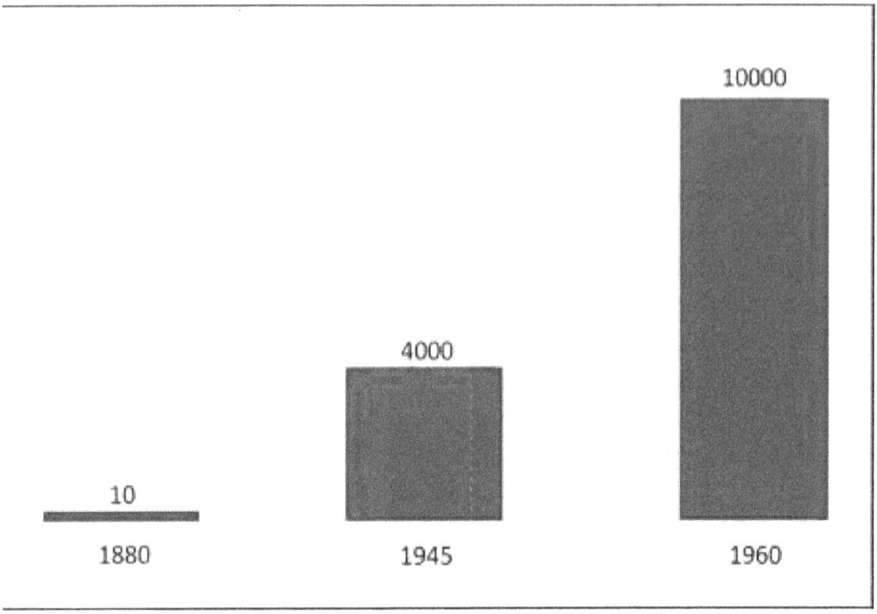


Source : Calcul de l'auteur à partir des données du ministère français de l'Économie et des Finances et de l'Agence Française de Développement (AFD), 2024

En effet, la France a investi massivement dans des projets d'infrastructures[17] tels que les chemins de fer (plus de 30 000 kilomètres de voies ferrées entre 1914 et 1945), les routes (plus de 100 000 kilomètres de routes), les ports (plus de 50 ports) et les ponts. Ces développements d'infrastructures étaient essentiels pour faciliter l'extraction et le transport des matières premières, ainsi que l'expansion du commerce. De même, ces infrastructures étaient destinées à assurer l'épanouissement de ses représentants sur les terres conquises. La France coloniale a également réalisé des investissements importants dans l'extraction des ressources africaines, notamment des minéraux, du bois et des produits agricoles. Ces investissements ont généré des bénéfices substantiels pour les entreprises françaises et ont contribué à la croissance économique de la France. Dans une moindre mesure, la France a également investi dans des programmes sociaux et éducatifs dans ses colonies africaines. Ces investissements visaient à créer une

[17] Les données sont tirées dans les archives du ministère des colonies de la France coloniale.

main-d'œuvre plus conforme et productive, ainsi qu'à promouvoir la culture et la langue française.

Les investissements français en Afrique pendant la période coloniale ont contribué à la croissance économique dans de nombreuses colonies africaines, même si c'est discutable, en particulier dans les domaines de l'extraction des ressources et du développement des infrastructures. Les programmes sociaux et éducatifs ont conduit à une amélioration dans les soins de santé, l'éducation et l'assainissement (Girardet, 1972 ; Wesseling 2009).

Par contre, les entreprises françaises exploitaient souvent la main-d'œuvre africaine moins onéreuse qu'une mécanisation (Guillaume, 1994), en payant de bas salaires et en la faisant travailler de longues heures dans des conditions dangereuses. Les activités d'extraction des ressources ont souvent entraîné des dommages environnementaux, notamment la déforestation et la pollution. En outre, les économies africaines sont devenues de plus en plus dépendantes des investissements et du commerce français, les rendant vulnérables aux fluctuations des marchés mondiaux. L'héritage positif comme négatif des investissements coloniaux continue de nos jours d'avoir un impact sur l'Afrique.

### *1.1.2 Les investissements français en Afrique de 1960 à 2022*

Avant 1960, les financements français en Afrique étaient principalement des financements publics destinés à soutenir le développement économique et social des colonies africaines, notamment dans les domaines de l'éducation, de la santé, de l'infrastructure et de l'agriculture. Après les indépendances, la France a maintenu un rôle significatif dans le paysage du financement public avec plus de diversification. Les financements comprenaient désormais des financements publics (aide publique au développement), des financements privés et des financements mixtes.

Ces derniers ont été marqués au cours des dernières décennies par une évolution et par un changement majeur dans les politiques économiques et sociales, les relations bilatérales et les opportunités d'affaires.

#### *1.1.2.1 Les financements publics français en Afrique*

Les financements publics français en Afrique se présentent principalement sous forme d'aide publique au développement (APD), construite dans les années 1960 comme un instrument temporaire pour répondre à un contexte marqué par la décolonisation, la guerre froide, l'industrialisation et les inégalités entre le Nord et le Sud. Les financements sont octroyés par l'intermédiaire de l'Agence Française de Développement (AFD) qui est une institution financière publique qui soutient des projets de développement (durable) dans les pays en développement, dont l'Afrique, dans le cadre de l'APD. Cette dernière est surtout bilatérale et majoritairement constituée de dons, qui représentent 77,9 % des financements bilatéraux et multilatéraux en 2021 (10,2 milliards d'euros), de prêts assortis de conditions de faveur et d'apports d'assistance technique. Les financements bilatéraux en dons de la France ont augmenté de 14 % entre 2020 et 2021.

**Figure 6 : Évolution de l'APD française en Millions de Dollars**

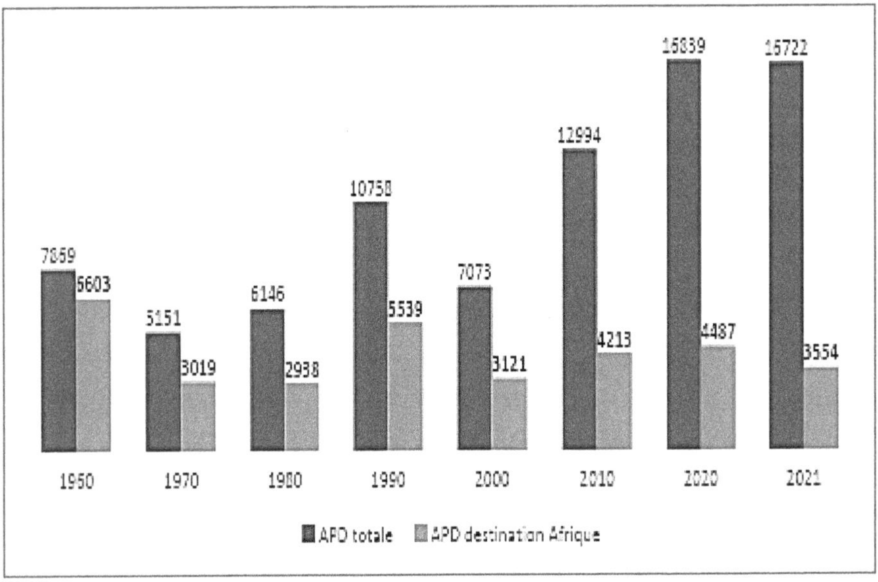


Source : Calcul de l'auteur à partir des données de la Base de l'OCDE, 2024

Selon les données du rapport sur les résultats de AFD, le continent africain, particulièrement la zone subsaharienne, concentre une grande partie du volume des projets signés en 2022

Les principaux pays bénéficiaires des dons d'APD française sont le Sénégal, le Burkina Faso et le Niger, qui font partie de la liste des pays prioritaires (19 pays) dans la politique de développement de la France.

### *1.1.2.2 Part de la France dans l'ensemble des investissements directs étrangers (IDE) en Afrique*

Au fil des ans, la contribution de la France aux IDE en Afrique a été un sujet de réflexion approfondie, soulignant l'importance stratégique des relations franco-africaines. En termes de nature des financements français, on observe une prédominance des investissements directs étrangers (IDE), qui représentent plus de 90 % du total des investissements français en Afrique. Les IDE français vers l'Afrique ont, en effet, connu une croissance régulière depuis les années 1990. En 2021, la France était le second investisseur étranger sur le continent en termes de stock d'IDE avec 60 milliards de dollars US, derrière le Royaume-Uni (65 Mds USD)

**Figure 7 : Montants des Flux d'IDE de la France et de la Chine dans le Monde (en milliards de dollars US)**

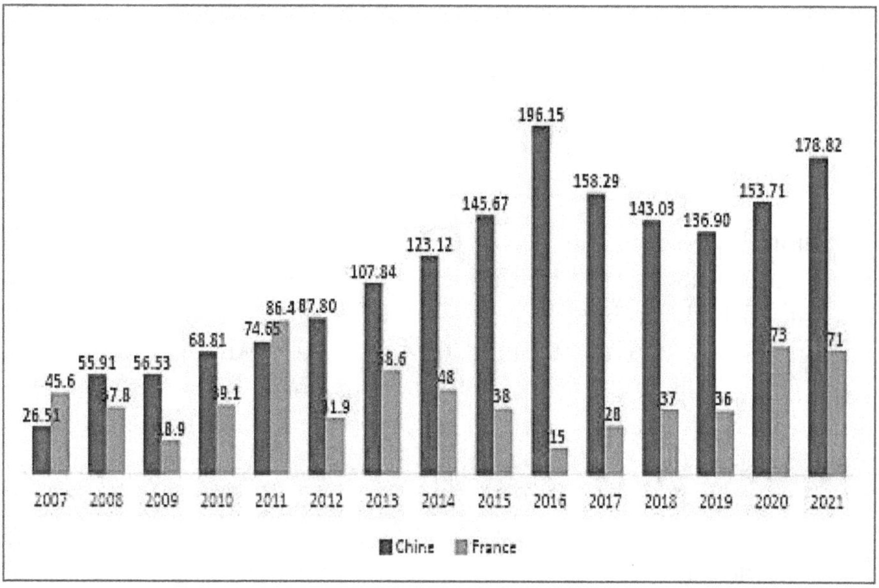


Source : Calcul de l'auteur à partir des données de la CNUCED sur les Flux d'IDE, 2024

**Figure 8 : Évolution des flux d'IDE de la France vers l'Afrique comparativement à ceux de la Chine (en milliards de dollars US)**

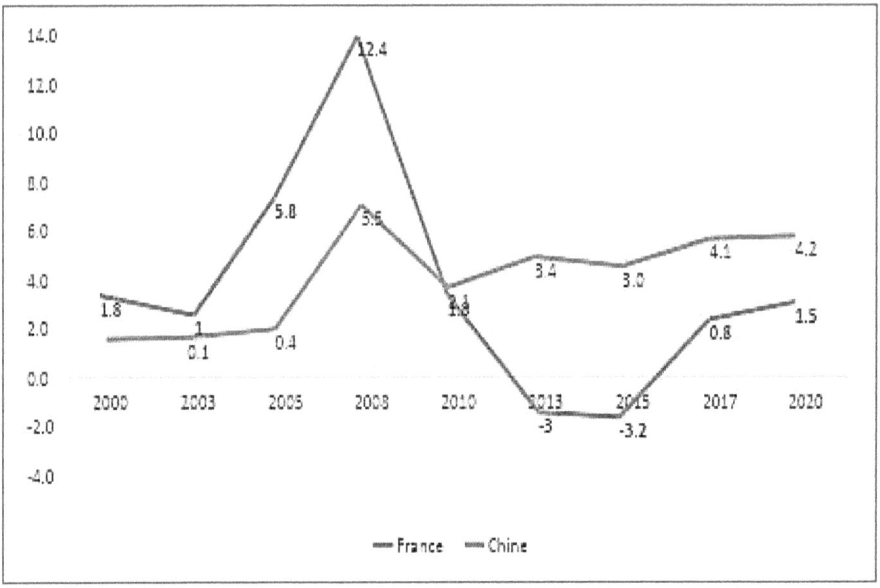


Source : Calcul de l'auteur à partir des données de la Banque de France, 2024

Selon la base de données de l'OCDE, les flux d'IDE français en Afrique ont atteint 1,5 milliard de dollars US en 2020 contre 4,2 milliards de dollars pour la Chine. En stock les IDE français en Afrique représentent un montant de 54 milliards de dollars US en 2022. Les IDE chinois en Afrique ont atteint quant à eux un montant de 44 milliards de dollars US en 2022, ce qui représente 18,2 % des IDE en Afrique. Pourtant Pékin n'a commencé à investir véritablement sur le continent qu'à partir de 2010, et à un rythme effréné, alors que les investissements français en Afrique ont suivi une tendance à la baisse amorcée depuis 2015 et ne représentent que 2,5 % du stock d'IDE français à l'étranger.

Les entreprises françaises installées dans le continent sont estimées à plus de 5000 avec plus d'un million d'emplois français en Afrique[18]. En effet, le nombre de filiales d'entreprises françaises en Afrique subsaharienne a plus que doublé entre 2010 et 2020, alors qu'il n'a augmenté que de 51 % dans le monde sur la même période.

[18] Rapport d'activité et de responsabilité sociétale 2023 (RSO) de l'Agence Française de Développement consolidé avec les données de la direction générale du Trésor.

#### *1.1.2.3 Répartition sectorielle des investissements français en Afrique*

La répartition sectorielle des investissements français en Afrique est comparable à celle de la Chine. Les deux pays investissent principalement dans les infrastructures, l'énergie et les services. Cependant, il existe quelques différences importantes entre les deux pays. Les investissements français sont plus diversifiés que ceux des Chinois. D'autre part, les investissements français sont davantage concentrés sur les pays africains plus développés, tandis que les investissements chinois sont plutôt concentrés sur les pays africains moins développés. En fait, la moitié du stock d'investissements africains venant de la Chine est concentrée sur six pays (Angola, Éthiopie, Zambie, Kenya, Nigeria, Égypte).

**Figure 9 : Répartition des financements français par secteur d'activité et sous-région en Afrique**

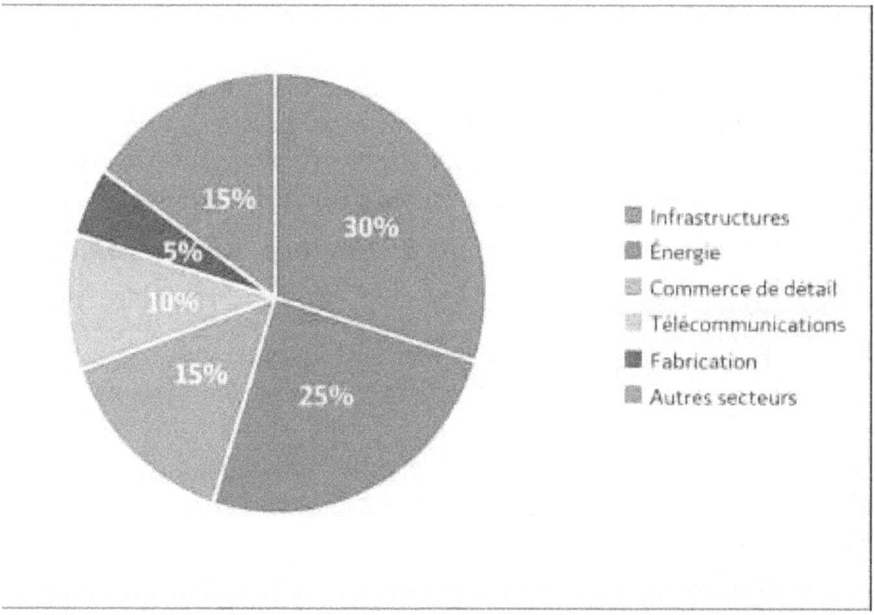


Source : Calcul de l'auteur à partir des Flux d'investissements directs de la Banque de France, 2024

La répartition régionale des investissements français en Afrique est caractérisée par une forte concentration dans l'Afrique de l'Ouest et l'Afrique centrale. Ces deux régions représentent plus de 75 % des investissements français. L'Afrique de l'Ouest est composée de pays dynamiques, tels que le Nigeria, le Sénégal, le Ghana et la Côte d'Ivoire.

Ces pays offrent des opportunités de marché attractives dans des secteurs variés, tels que les infrastructures, l'énergie, les services et la production manufacturière. L'Afrique centrale est également composée de pays riches en ressources naturelles, tels que le Congo, le Gabon et la République Démocratique du Congo. Les investissements français en Afrique Centrale sont concentrés sur les secteurs des ressources naturelles, des infrastructures et des services.

L'Afrique du Nord et l'Afrique Australe attirent moins d'investissements français ; néanmoins la France avec près de 480 implantations d'entreprises, se classe au 12e rang des investisseurs étrangers en Afrique du Sud, représentant un stock d'IDE de près de 3 milliards d'euros en 2022.

#### *1.1.2.4 Les financements mixtes*

Les financements mixtes français en Afrique sont des financements qui combinent des financements publics et privés. Les financements mixtes français en Afrique sont principalement des projets de partenariat public-privé (PPP). Les fonds publics sont généralement fournis par l'AFD, tandis que les fonds privés sont fournis par des investisseurs privés. Ils touchent une variété de secteurs tels que les infrastructures, l'énergie, la santé, l'éducation, etc. Cette diversité reflète souvent les besoins prioritaires des pays africains en matière de développement.

## 1.2 Analyse des investissements du Royaume-Uni en Afrique

### *1.2.1 Durant la période coloniale*

Les financements britanniques en Afrique pendant la période coloniale étaient une affaire complexe et multiforme. Ils ont certes contribué au développement des infrastructures, des industries et des économies du continent durant cette période mais se sont accompagnés d'exploitation et d'oppression. Les puissances coloniales britanniques cherchaient en effet à extraire des ressources et des profits de leurs colonies africaines.

Sur le plan des finances publiques, le solde budgétaire des colonies africaines sous domination britannique connaissait rarement un déficit, mais le plus souvent un excédent. Par conséquent les prêts publics destinés aux colonies africaines (Kenya, Malawi, Ouganda, Zambie, Nigéria, Ghana, Sierra Leone, Gambie) n'étaient pas si importants. Néanmoins, les territoires africains ont reçu la plus grande part des prêts des banques britanniques destinés aux colonies britanniques. La

Commonwealth Development Corporation (CDC), institution financière de développement créé en 1948, est l'un des acteurs clés du financement britannique en Afrique.

**Figure 10 : Évolution du solde budgétaire de l'Afrique britannique et de ses emprunts publics**

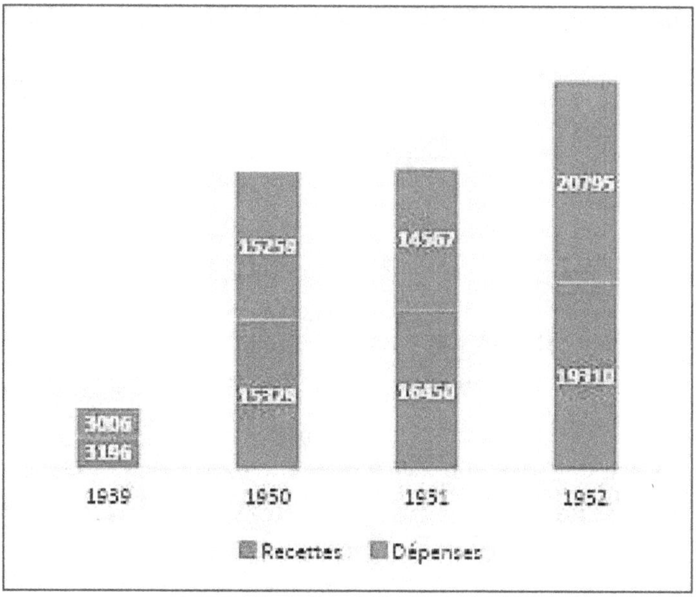


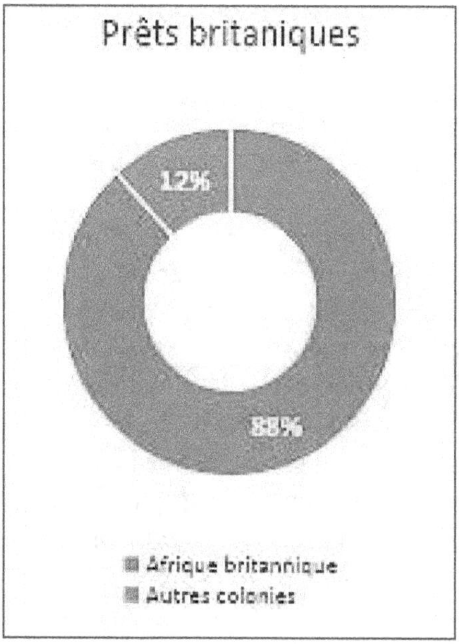

**Figure 11 : Répartition des investissements britanniques en Afrique coloniale entre 1948 et 1951**

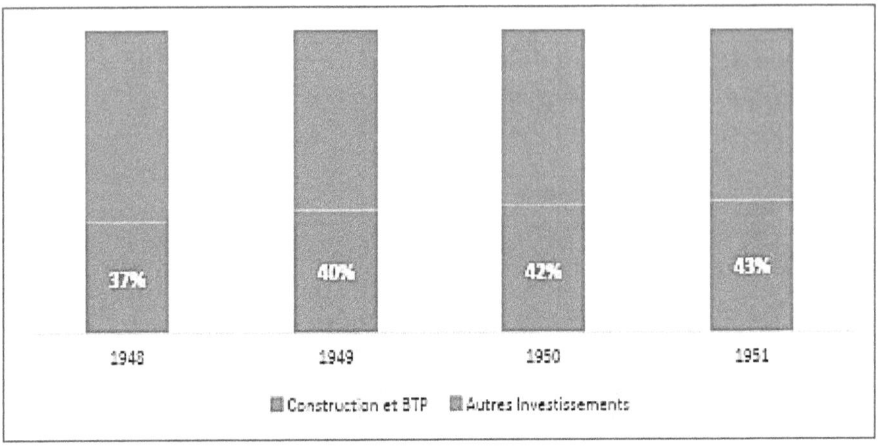


Source : Données de l'Institut national de la statistique et des études économiques sur l'Afrique britannique, 1954

Durant la période coloniale, les entreprises britanniques ont aussi participé à la construction de routes, de voies ferrées, de ports et d'autres projets d'infrastructure industrielle en Afrique. Le financement de ces projets était plus motivé par le souci de connecter les colonies à l'économie mondiale, notamment britannique, pour faciliter l'exportation de matières premières africaines.

### *1.2.2 Les investissements du Royaume-Uni en Afrique de 1960 à 2022*

À la suite des indépendances, les Britanniques ont continué à financer les économies africaines principalement à l'aide des deux leviers que sont l'aide publique au développement et les investissements privés britanniques. La gestion de l'aide publique au développement était pilotée par le ministère du Développement Outre-mer (DFID-Department for International Development) du gouvernement britannique responsable de la promotion du développement international. Créé en 1964 sous le nom de ministère des Affaires étrangères et du Commonwealth, il a été rebaptisé ministère du Développement international en 1970. Par la suite, le Royaume-Uni est devenu membre du Groupe de la Banque africaine de Développement (BAD) le 29 avril 1983, dix ans après avoir adhéré au Fonds Africain de Développement (FAD), le 20 juin 1973. Avant 1997, le DFID était doté de très puissants moyens financiers et d'une influence politique majeure. Structurellement, il manquait cependant de techniciens spécialisés dans des secteurs spécifiques (agronomes, ingénieurs, etc.), volontairement réduits au minimum, tout comme ses instruments de contrôle interne de l'allocation de l'APD.

Entre 2003 et 2010, le fonctionnement du DFID ne modifiait que marginalement son action. Les dons étaient alloués très largement à des organisations non gouvernementales (ONG) britanniques et internationales, pour la mise en œuvre des programmes, cela d'autant plus que le DFID était en charge à la fois de l'aide humanitaire et de l'aide au développement à long terme. En 2018, le Royaume-Uni lance une nouvelle approche stratégique envers l'Afrique en préparation de Brexit. Elle devait permettre de redonner une dynamique à la politique africaine de la Grande-Bretagne tout en sauvegardant l'héritage de prédominance de l'APD. En 2020, l'architecture et la politique de coopération pour le développement du Royaume-Uni ont considérablement changé avec la création du Bureau des affaires étrangères, du Commonwealth et du développement (FCDO) et la sortie du Royaume-Uni de l'Union européenne (UE). Son aide publique au développement (APD) totale a augmenté à 15,7 milliards de dollars (données préliminaires) en 2022. L'Afrique est restée le plus grand bénéficiaire de l'APD bilatérale régionale spécifique au Royaume-Uni, représentant 42,2 %. Cependant, en 2022, l'APD destinée à l'Afrique a diminué de 486 millions de livres sterling (28,2 %) pour atteindre 1 240 millions de livres sterling.

**Figure 12 : Aide publique au Développement britannique à destination de l'Afrique (En milliard de dollars US)**

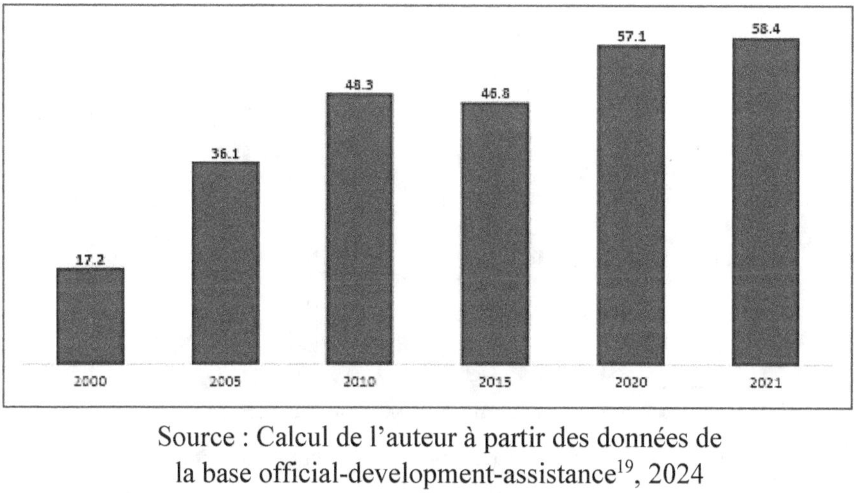


Source : Calcul de l'auteur à partir des données de la base official-development-assistance[19], 2024

[19] https://data.one.org/topics/official-development-assistance/

Le Royaume-Uni a déclaré son ambition d'être le partenaire d'investissement de choix pour l'Afrique et annonce une augmentation significative de son soutien financier aux pays africains, notamment les plus pauvres. L'aide publique au développement passera de 0,5 % du PIB britannique à 0,7 d'ici 2030. En outre, le Royaume-Uni compte tripler le financement consacré aux mesures d'adaptation climatique, qui va ainsi passer à 1,5 milliard de livres d'ici à 2025, contre 500 millions en 2019.

En outre, le secteur privé britannique reste l'investisseur européen qui détient le plus grand stock d'IDE en Afrique avec 60 milliards de dollars, suivi des investisseurs français et des Pays-Bas avec respectivement chacun un stock de 54 milliards de dollars. Toutefois, le secteur privé chinois s'intéresse au marché africain et le pénètre de plus en plus. En 2022 les flux d'investissement sont évalués à 3,4 milliards de dollars contre moins d'un milliard en 2004. Sur la même période, les flux des IDE du Royaume-Uni ont peu évolué en passant de 1,12 milliard de dollars à 1,77 milliard de dollars.

**Figure 13 : Évolution des IDE britanniques à destination d'Afrique**

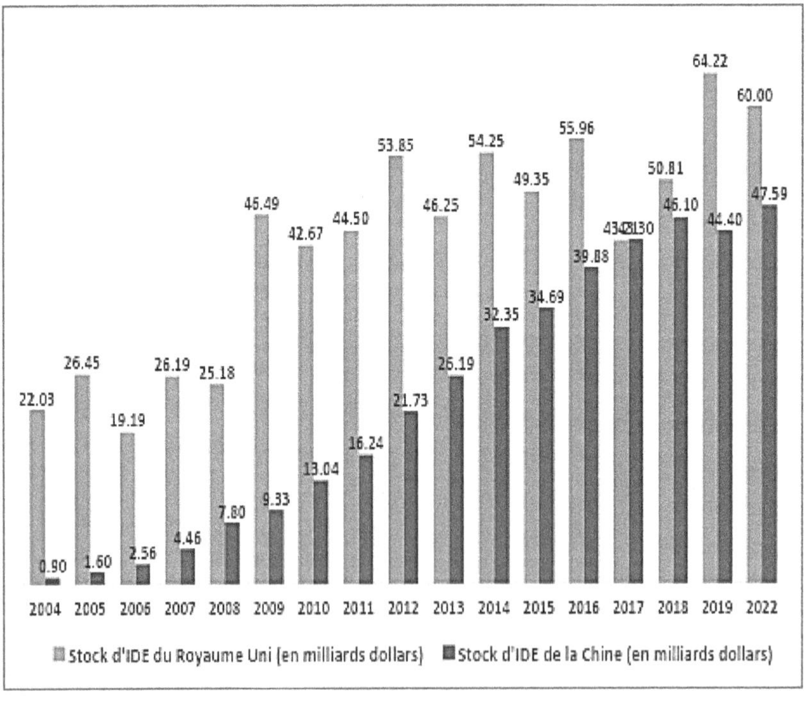


Source : Office For National Statistics (ONS), 2024

**Figure 14 : Comparaison des parts de l'Afrique sur les flux d'IDE chinois et britanniques**

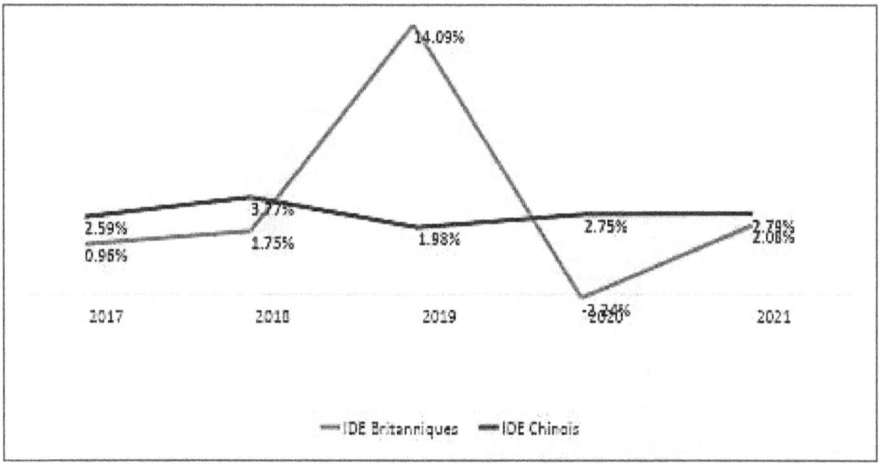


Source : Office For National Statistics (ONS), 2024

En 2019, le Royaume-Uni a investi davantage plus en Afrique que les États-Unis ou la Chine. Le pays de l'Oncle Sam a augmenté son stock d'IDE vers l'Afrique à 64,6 milliards de dollars, soit une progression de 9,8 % comparé à 2018. Par contre la Chine et les États-Unis ont enregistré des désinvestissements de 3,7 % et 2,7 %. Mais, les conséquences de la Covid-19 ont fortement impacté sur le climat des affaires. En 2022, le stock des IDE britanniques a diminué au moment où la Chine a plus que doublé son stock en Afrique. Sur la période 2004-2022, les investisseurs chinois ont investi plus que n'importe quels investisseurs en Afrique.

**Figure 15 : Pays destinataires des IDE britanniques**

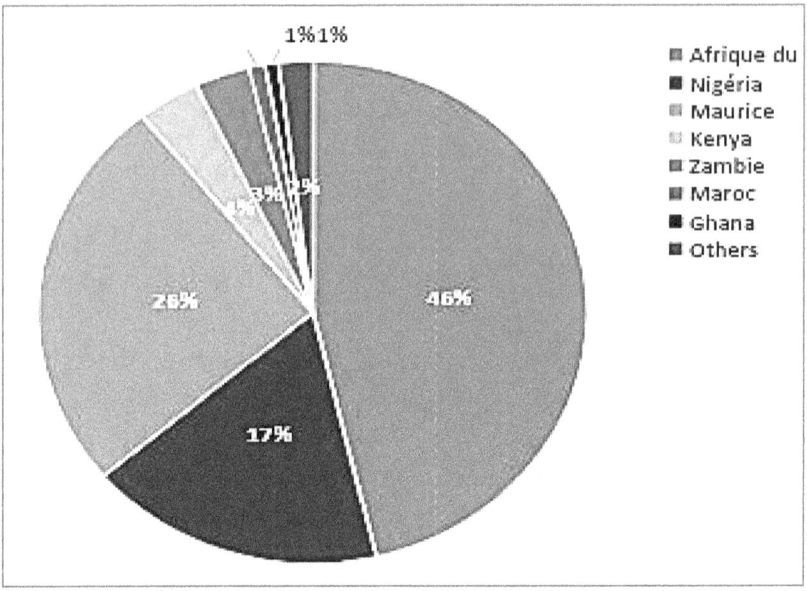


Source : Office For National Statistics (ONS), 2024

Les IDE britanniques sont plus concentrés sur trois principaux pays en Afrique (90 % dans les trois premiers pays bénéficiaires) par rapport aux États-Unis (45 %) et la Chine (31 %) à partir de 2018. Face à une incertitude de plus en plus chronique, les investisseurs britanniques choisissent de s'appuyer sur les pays où ils sont solidement implantés, comme l'Afrique du Sud, leur premier partenaire économique sur le continent, le Kenya ou le Nigeria, pour étendre leurs marchés.

De plus, en termes des secteurs bénéficiaires, le Royaume-Uni alloue une part relativement importante de son stock d'IDE (43 %), en Afrique, dans le secteur des mines et carrières contre 25 % pour la Chine et 37 % les États-Unis. En effet, plus d'une centaine de compagnies minières, contrôlant une large part du domaine africain dans l'or, le charbon et le cuivre, sont cotées au London Stock Exchange, l'aéronautique ou les énergies vertes.

En plus de la France et du Royaume-Uni, des pays comme la Hollande, l'Espagne sont aussi des bailleurs en Afrique. En 2023, l'institution néerlandaise de financement du secteur privé dans les pays en développement a annoncé près de 107 millions de dollars d'engagements au profit de fonds d'investissement ciblant l'Afrique. La concentration géographique principale du fonds englobe l'Angola, la République Démocratique du Congo, la Zambie et l'Ouganda, des pays où les PME peinent à accéder à des financements solides.

L'Espagne qui a eu peu de possessions coloniales en Afrique par rapport à d'autres pays européens, compte aussi renforcer ses liens de coopération avec les pays africains.

**2 Analyse des investissements américains en Afrique**

À l'instar des anciennes puissances coloniales comme la France, la Grande-Bretagne, la Belgique, le Portugal et l'Espagne, les États-Unis, sans passé colonial en Afrique, ont une forte influence dans le continent. Jusqu'à la fin de la guerre froide, les États-Unis avaient délégué à la France qui était l'acteur externe majeur, la régulation de la zone Afrique. Cependant, à la fin de la guerre froide, ils décident d'y poursuivre aussi leurs intérêts, notamment dans des domaines comme l'énergie, les matières premières et le commerce. Cela à travers des modes de financement et d'investissement, des instruments et outils spécifiques. Les Américains interviennent en Afrique à travers l'aide publique au développement et les investissements directs étrangers.

Le financement public américain en Afrique est assuré par une variété d'agences gouvernementales, notamment l'Agence américaine pour le développement international (USAID) qui appuie des programmes de développement dans des domaines tels que la santé, l'éducation, l'agriculture et l'environnement, et le Millennium Challenge Corporation (MCC) qui fournit une assistance à long terme aux pays qui s'engagent à promouvoir la bonne gouvernance, l'économie de marché et la lutte contre la corruption. Le financement public américain a considérablement évolué au cours des dernières décennies. Dans les premières années de l'indépendance, la majeure partie de l'aide américaine était axée sur l'aide humanitaire et le développement économique. Cependant, à mesure que les pays africains commençaient à adopter des réformes démocratiques, les États-Unis se sont de plus en plus concentrés sur le soutien à la bonne gouvernance et à la promotion de la démocratie.

Ces dernières années, l'accent a été mis de plus en plus sur le recours au financement public américain pour relever certains des défis les plus urgents de l'Afrique, tels que la pauvreté, la faim et la maladie. Les États-Unis sont également devenus l'un des principaux donateurs dans la lutte contre le terrorisme en Afrique.

Néanmoins, l'analyse des tendances actuelles montre une diminution de l'attention portée à l'aide humanitaire passant d'environ 40 % dans les années 1990 à environ 25 % en 2022. Cela est dû en partie au fait que de nombreux pays africains ont réalisé des progrès significatifs en matière de réduction de la pauvreté et d'amélioration de la gouvernance. Par contre, un accent accru est mis sur la bonne gouvernance et la promotion de la démocratie à travers le MCC qui alloue désormais la majorité de son financement aux pays africains. Les États-Unis sont devenus l'un des principaux donateurs dans la lutte contre la pauvreté, la faim et les maladies en Afrique (Fonds mondial de lutte contre le sida, la tuberculose et le paludisme).

En outre, les entreprises américaines sont bien présentes dans le continent avec United States International Development Finance Corporation (DFC) qui est l'institution de financement du développement du gouvernement fédéral des États-Unis chargée de faciliter le financement de projets de développement du secteur privé dans les pays à revenu faible et intermédiaire. D'ailleurs, depuis 2021, plus de 800 accords commerciaux et d'investissement bilatéraux ont été facilités dans 47 pays africains pour une valeur de 8,6 milliards de dollars pour le secteur privé.

**Figure 16 : Évolution des investissements privés américains à destination de l'Afrique**

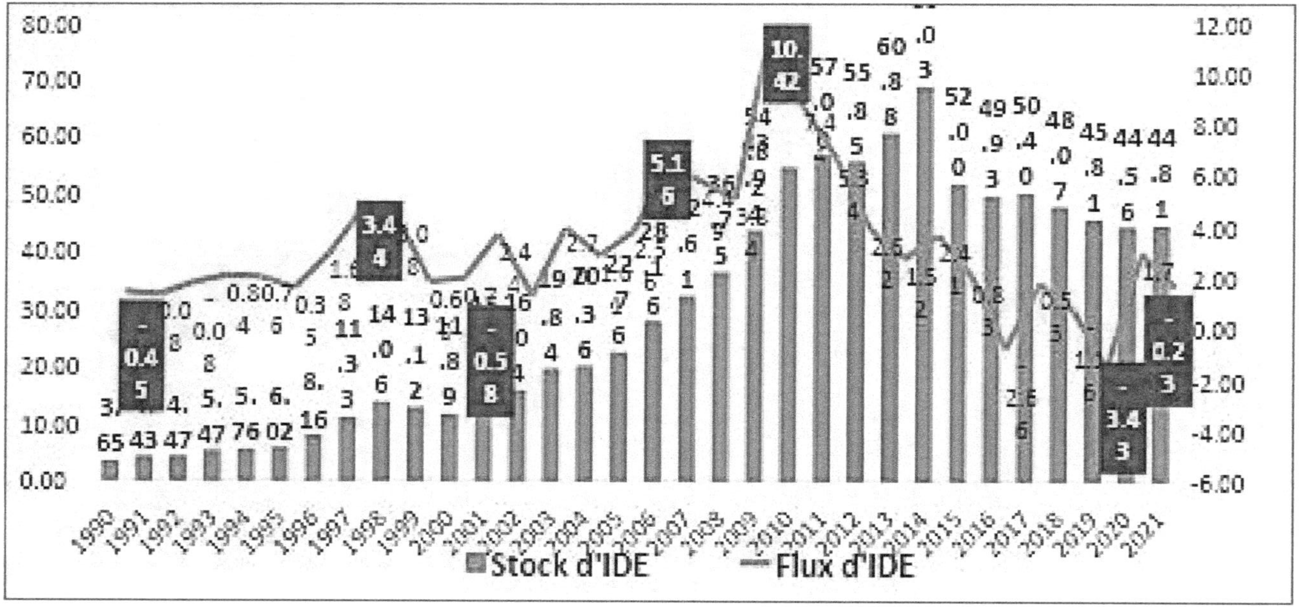


Source : Calcul de l'auteur à partir des données
de US Bureau of Economic Analysis, 2024

Jusqu'au début des années 2000, les IDE américains en Afrique notamment subsaharienne (ASS) étaient orientés vers le secteur extractif, en particulier le pétrole et le gaz pour diversifier les sources d'approvisionnement de l'État américain (Latreille, 2003). On remarque d'ailleurs que de 1990 à 2005, le stock des IDE américains (Figure 17) n'était pas si important comparé à celui des anciennes puissances coloniales comme la France ou le Royaume-Uni. Cependant, avec l'arrivée des nouveaux acteurs émergents sur le continent, en particulier la Chine, les investisseurs américains ont adopté un changement radical dans l'orientation de leurs investissements en Afrique. Ils sont maintenant davantage diversifiés et plutôt concentrés sur le secteur bancaire, les énergies renouvelables, l'agriculture, les nouvelles technologies ainsi que le sport et la culture. En effet, les entreprises américaines ont investi 570 millions de dollars dans les énergies vertes au Kenya. Grâce à l'initiative Power Africa, les multinationales américaines sont bien présentes dans le secteur de l'énergie au Ghana et au Sénégal. Les investisseurs américains sont aussi au Nigéria, notamment dans les secteurs de la culture et du sport.

**Figure 17 : Évolution comparative des Stocks d'IDE chinois et américains (en milliards de dollars)**

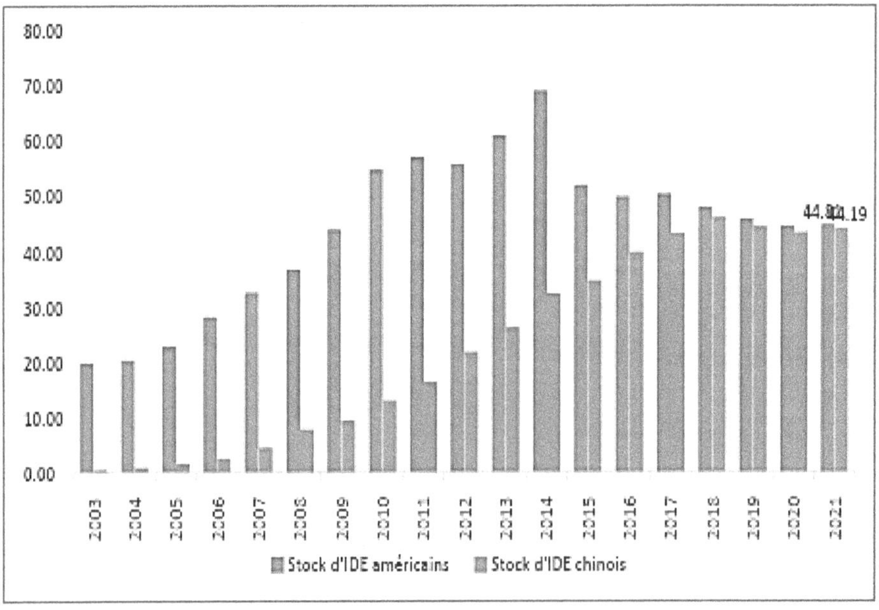


Source : Calcul de l'auteur à partir des données de US Bureau of Economic Analysis, 2024

Toutefois, les échanges commerciaux entre les États-Unis et l'Afrique subsaharienne se sont progressivement rétrécis au cours de la dernière décennie au profit de la Chine, principale rivale systématique de Washington dans la région. Le Stock des IDE chinois a connu une forte augmentation au moment où ceux des Américains ne cessent de diminuer (Figure 18). Ainsi, pour renforcer la résilience des chaînes d'approvisionnement américaines en matériaux stratégiques et contrer la domination chinoise dans les domaines extractifs, les infrastructures (portuaires, routières, ferroviaires) et la télécommunication, les Américains commencent à accélérer leurs investissements à destination du secteur minier.

## 3 Analyse des investissements des Institutions internationales en Afrique

### 3.1 La Banque Mondiale

La Banque Mondiale, créée après la fin de la Seconde Guerre mondiale, est un acteur clé du financement en Afrique. Depuis plusieurs décennies, elle soutient des projets dans divers secteurs tels que la santé, l'éducation, les infrastructures et le développement économique. Pour rappel, sa mission originelle était d'administrer les fonds destinés à la reconstruction de l'Europe de l'Ouest, après la Seconde Guerre mondiale. C'est après l'accession à l'indépendance des pays anciennement colonisés que la mission et le nom de la Banque Mondiale ont changé pour devenir aujourd'hui Banque Internationale pour la Reconstruction et le Développement (BIRD). L'institution est composée de plusieurs organismes, dont l'Association Internationale de développement (IDA), qui aide les pays les plus pauvres du monde. Créée en 1960, elle accorde des dons et des prêts à taux faible ou nul pour financer des projets et des programmes visant à stimuler la croissance économique, réduire la pauvreté et améliorer la vie des plus démunis. L'IDA est l'un des principaux bailleurs de fonds des 76 pays les plus pauvres de la planète, dont 39 se trouvent en Afrique.

**Figure 18 : Évolution des financements de la Banque Mondiale en Afrique (en milliards de dollars US)**

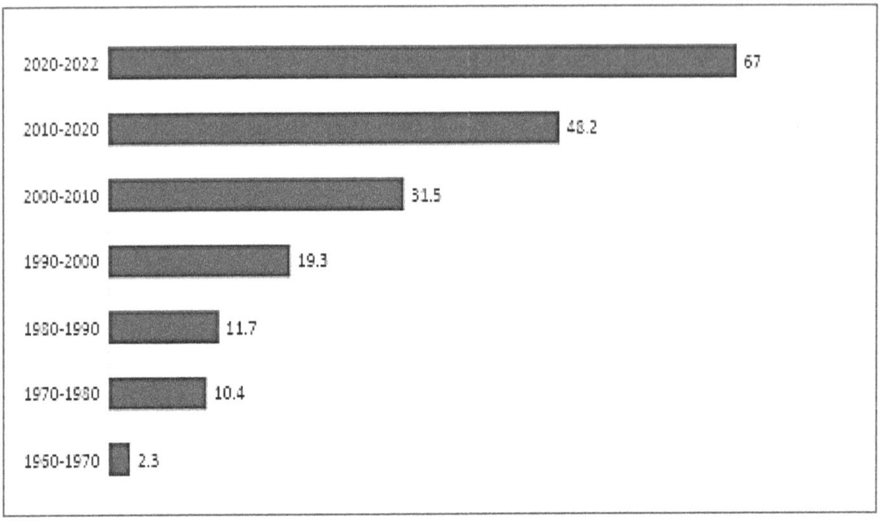


Source : Calcul de l'auteur sur la base des Rapports de la Banque Mondiale, 2024

La Banque a joué un rôle crucial dans le financement de projets d'infrastructure, tels que des routes, des ponts, des centrales électriques et des réseaux de télécommunication, qui ont amélioré la connectivité, facilité les échanges et stimulé l'activité économique à travers le continent. De même, elle soutient divers programmes sociaux. Sur le plan des réformes publiques, la Banque a fourni des conseils politiques et une assistance financière aux gouvernements africains pour les aider à mettre en œuvre des réformes économiques, à promouvoir le développement du secteur privé et à favoriser la stabilité macroéconomique.

Toutefois, les interventions de la Banque Mondiale ne sont pas exemptes de critiques. Les prêts de l'institution sont souvent soumis à des conditionnalités strictes, obligeant les pays bénéficiaires à mettre en œuvre des changements de politique spécifiques (Stitglitz, 2002 ; Perkins, 2014). Les critiques soutiennent que ces conditionnalités peuvent porter atteinte à la souveraineté nationale et ne sont pas toujours adaptées aux contextes locaux. En outre, les pays africains ont accumulé une dette importante en empruntant auprès de la Banque Mondiale et d'autres prêteurs multilatéraux. Les critiques avertissent que ce fardeau de la dette peut limiter la capacité des pays à poursuivre leurs propres priorités de développement et les rendre vulnérables aux chocs extérieurs.

Bien que la Banque ait réalisé des progrès dans la réduction de la pauvreté dans certains pays africains, les taux de pauvreté globaux restent élevés. Les critiques soutiennent que l'accent mis par la Banque sur le développement des infrastructures et les réformes économiques n'a pas toujours abordé les causes profondes de la pauvreté, telles que les inégalités et le manque d'accès à l'éducation et aux soins de santé (Collier, 2007 ; Dupas, 2011).

En conséquence, l'institution a reconnu la nécessité d'adapter son approche en Afrique et a pris des mesures pour répondre aux défis et aux critiques auxquels elle fait l'objet. Elle a davantage mis l'accent sur les programmes sociaux, la réduction de la pauvreté et le développement durable. Elle a également déployé des efforts pour réduire le fardeau de la dette des pays africains et pour collaborer plus étroitement avec les parties prenantes locales.

En comparaison, la Chine, devenue une source majeure de financement pour l'Afrique, dépasse la Banque mondiale en termes de prêt total. Les financements chinois sont souvent accordés à des conditions moins concessionnelles que celles de l'institution. Par contre, ils semblent moins transparents que ceux de la Banque Mondiale qui comportent des garanties environnementales et sociales plus fortes. De même, à l'opposé de la Chine qui se concentre sur les infrastructures, les ressources et l'énergie, la fabrication, l'industrie et les services commerciaux, la Banque Mondiale se concentre davantage, outre les infrastructures, sur le développement social, l'agriculture et le développement du secteur privé.

### 3.2 Le Fonds Monétaire International

À l'instar de la Banque Mondiale, le FMI est un fonds où chaque pays membre dépose une souscription. Pour rappel, il fait partie lui aussi des institutions de Bretton Woods de 1944. Avant 1976, 25 % de la contribution de chaque membre déterminé en quote-part selon l'importance du pays dans le commerce international devait être faite en or et/ou en dollars. Par conséquent, le FMI disposait de ressources en devises que les pays membres pouvaient emprunter ou tirer à court terme pour ajuster ou équilibrer leur balance des paiements, contribuant ainsi à stabiliser leur monnaie. Ces emprunts, communément appelés « tirages » dans le langage du FMI, étaient assortis de conditions visant à contraindre l'emprunteur à mettre en œuvre des politiques économiques de redressement. L'objectif était d'assurer des échanges commerciaux équilibrés entre les membres, et le FMI était chargé de veiller à la réalisation de cet objectif.

Le FMI a véritablement commencé à intervenir en Afrique, subsaharienne particulièrement, durant les années 70 marquées par les ajustements structurels dont l'institution était le pivot. Les financements du FMI en Afrique étaient généralement accordés dans ces premières années d'intervention sous forme de prêts à court terme à travers des programmes de réformes économiques. Ces programmes étaient conçus pour aider les pays africains à redresser leurs finances publiques, à réduire l'inflation et à promouvoir la croissance économique.

Ces dernières années, le FMI a réorienté son attention vers la fourniture de financements plus flexibles et mieux adaptés aux pays africains. Cela entraîne qu'on met davantage l'accent sur les prêts concessionnels, qui comportent des taux d'intérêt plus bas et des périodes de remboursement plus longues. Il a également développé de nouveaux instruments de financement tels que la Facilité de crédit rapide (FCR) et la Facilité élargie de crédit (FEC), conçus pour aider les pays à relever des défis spécifiques, comme les catastrophes naturelles et les conflits.

Entre 2020 et 2022, le FMI a mis à la disposition de la région plus de 50 milliards de dollars, sous forme de programmes, de financements d'urgence et d'allocations de droits de tirage spéciaux. Ce montant octroyé en deux ans représente plus du double du montant décaissé sur une période de 10 ans depuis les années 90 par l'institution afin de fournir une assistance rapide aux pays en difficulté financière immédiate en raison de la crise sanitaire de Covid-19. L'Afrique de l'Est et l'Afrique australe ont reçu la plus grande part des décaissements du FMI en 2022 avec respectivement 30 et 25 %. Cela est dû en partie au fait que ces sous-régions possèdent certaines des plus grandes économies d'Afrique.

Les financements du FMI ont certes joué un rôle important dans le développement économique de l'Afrique, mais ils font également l'objet de critiques pour diverses raisons. En effet, les prêts du FMI sont souvent assortis de conditions d'endettement strictes, qui peuvent accroître la dette des pays africains. Les programmes de réformes économiques impulsés par le FMI sont souvent suivis d'impact négatif sur les populations locales, notamment en termes de pertes d'emplois et de réduction des services sociaux. Par ailleurs, l'institution a été critiquée pour son manque de transparence et de responsabilisation.

## 4. La Chine, premier bailleur de fonds dans le secteur des infrastructures

### 4.1 Chiffres démontrant la supériorité des financements chinois sur ceux des autres bailleurs

Les gouvernements africains ont été la principale source de financement des infrastructures. Dans la zone, excepté les pays à revenu moyen, les États allouent systématiquement au moins 80 % de leur budget d'investissement aux infrastructures (Briceno-G, Smits et Foster, 2008). Les besoins d'investissement dans le secteur des infrastructures en Afrique sont répartis dans les sous-secteurs routiers et hydrauliques, qui, ensemble, comptent pour 80 à 95 % des allocations des bailleurs de fonds. Les fonds des bailleurs représentent près de 50 % des dépenses pour l'eau et 25 % des dépenses pour les routes. En revanche, les engagements des bailleurs pour le secteur de l'énergie ont été faibles, ce qui contraste fortement avec les efforts considérables des pays à faible revenu qui ont affecté eux-mêmes près de 25 % de leur budget d'infrastructure publique à l'énergie afin de remédier au sous-investissement de ce secteur.

**Figure 19 : Source de financement des infrastructures en Afrique sur la période 2013-2018**

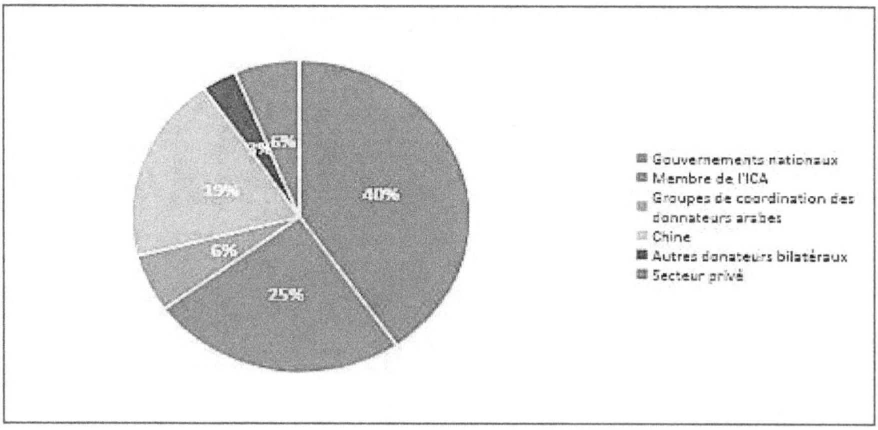


Source : Calcul de l'auteur à partir des rapports du Consortium pour les infrastructures en Afrique (ICA), 2024

Les gouvernements africains ont été la principale source de financement des infrastructures sur la période d'avant Covid (2013-2018), avec en moyenne 40 % des engagements totaux, suivis des membres de ICA qui ont engagé 25 % de la moyenne des financements, de la Chine (19 % de la moyenne), du secteur privé (6 % de la moyenne), des groupes de coordination des donateurs arabes (6 % de la moyenne) et des autres sources (3 % de la moyenne). Le Consortium pour les infrastructures en Afrique (ICA) est une initiative majeure visant à accélérer les progrès pour répondre aux besoins urgents de l'Afrique en matière d'infrastructures. Les membres actuels du Consortium sont les pays du G7 (Canada, France, Allemagne, Italie, Japon, Royaume-Uni et États-Unis), deux membres du G20 (Espagne et Afrique du Sud), et des banques multilatérales de développement (Afreximbank, Africa Finance Corporation, Commission de l'Union africaine, Agence de développement de l'Union africaine-NEPAD (AUDA-NEPAD), la Banque ouest-africaine de développement, le Conseil européen, la Commission de l'Union européenne, la Banque européenne d'investissement, la Banque islamique de développement, la Commission économique des Nations Unies pour l'Afrique, le Groupe de la Banque mondiale, le Groupe Vinci et la Banque africaine de développement. Néanmoins, ces dernières années, les investissements chinois dans le domaine des infrastructures ont connu de fortes augmentations dépassant ainsi de loin les investissements des autres bailleurs.

**Figure 20 : Évolution des investissements en infrastructure en Afrique en milliards de dollars US**

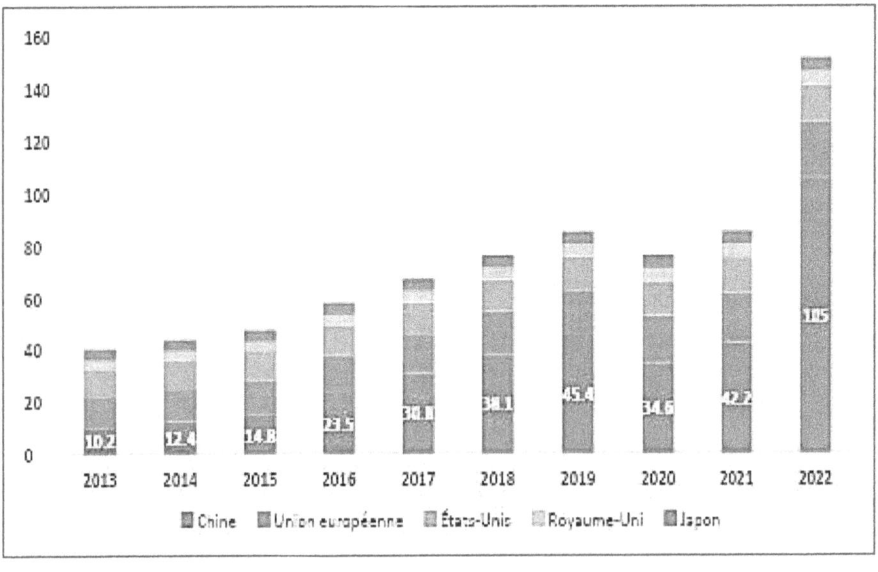


Source : Calcul de l'auteur à partir des rapports du Consortium pour les infrastructures en Afrique (ICA), 2024

Selon les données de la Banque mondiale, les investissements en infrastructures en Afrique ont atteint un niveau record de 143 milliards de dollars en 2022, contre 118 milliards de dollars en 2021 et 100 milliards de dollars en 2020. La Chine est devenue de loin le principal bailleur de fonds des infrastructures en Afrique, avec 62 % des parts en 2022. L'Union européenne (19 %) est le deuxième principal bailleur de fonds, suivie des États-Unis (10 %), du Royaume-Uni et du Japon (5 %). La Chine a fourni à l'Afrique 105 milliards de dollars de financements pour des projets d'infrastructures, contre 80 milliards de dollars pour les autres bailleurs de fonds.

### 4.2 Part de marché croissante de la Chine

La Chine est devenue le premier pays partenaire commercial de l'Afrique subsaharienne au cours des 20 dernières années. Les Chinois, faisant une caractérisation du marché africain marqué par des besoins dans tous les domaines mais contraint par un pouvoir d'achat limité, ont fini par dominer le marché grâce à une offre répondant à la demande. Durant cette période, la Chine s'est arrogé une place de choix en devenant la première source d'importation pour les pays africains. Elle fournit des biens manufacturés et d'équipements. Du côté des exportations, aujourd'hui, elle reçoit un cinquième du total des exportations de marchandises de l'Afrique subsaharienne, soit une augmentation de 60 % en volume (Figure21).

**Figure 21 : Évolution des relations commerciales sino-africaines**

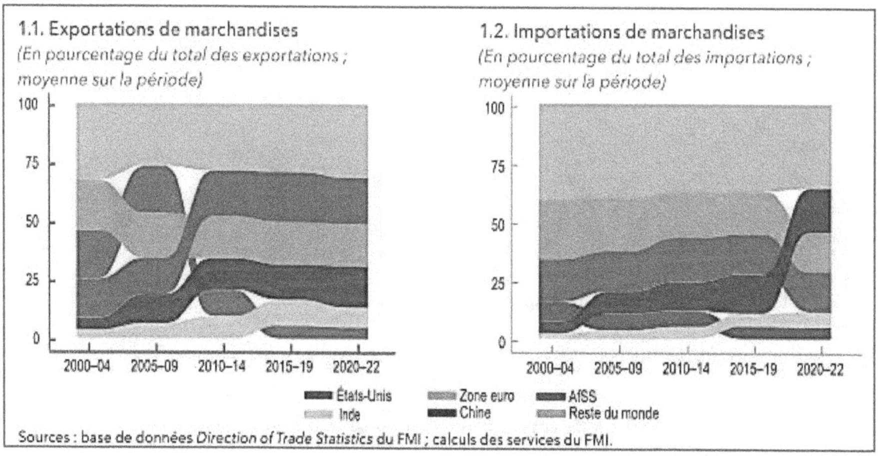


Source : Rapport FMI intitulé « L'Afrique subsaharienne et la Chine : des relations économiques à la croisée des chemins », 2023

La Chine représente également un bailleur de fonds de premier plan pour les États africains depuis le début des années 2000. En effet, à travers le « Go Out Policy[20] » lancé en 1999, elle cherche à atteindre plusieurs objectifs stratégiques pour son développement et soutenir ses intérêts nationaux dans la mondialisation. Il vise principalement à aider les entreprises chinoises à se déployer à l'étranger, particulièrement sur le marché africain, et à y viabiliser leurs investissements afin de permettre aux industries chinoises d'avoir accès aux ressources en matières premières, mais aussi de développer leur influence. Depuis son lancement, les entreprises chinoises notamment étatiques ont considérablement augmenté leurs intérêts sur le marché africain.

Particulièrement, à partir des années 2000, les prêts chinois, destinés essentiellement à financer des projets d'infrastructures publiques, ont connu une augmentation rapide. La part de la Chine dans le total de la dette publique extérieure de l'Afrique subsaharienne s'est fortement accrue, passant de moins de 2 % avant 2005 à environ 17 % en 2021. Elle constitue ainsi, une nouvelle source de financement pour les pays africains. C'est ainsi que la Chine est devenue le premier créancier public bilatéral des pays de la région, particulièrement dans l'Afrique subsaharienne.

**Figure 22 : Évolution des prêts publics chinois à l'Afrique (en milliards de dollars)**

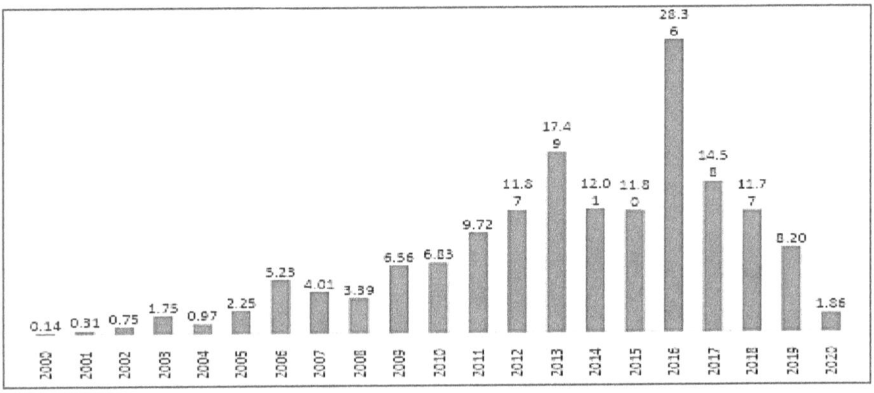


Source : Calcul de l'auteur à partir de la base de données International Debt Statistics de la Banque mondiale ; base de données des Perspectives de l'économie mondiale du FMI, 2023

[20] Stratégie de mondialisation de la Chine pour encourager ses entreprises à investir à l'étranger (voir le ministère chinois des Affaires étrangères pour plus de détails).

**Figure 23 : Répartition de la dette publique en Afrique subsaharienne en 2021**

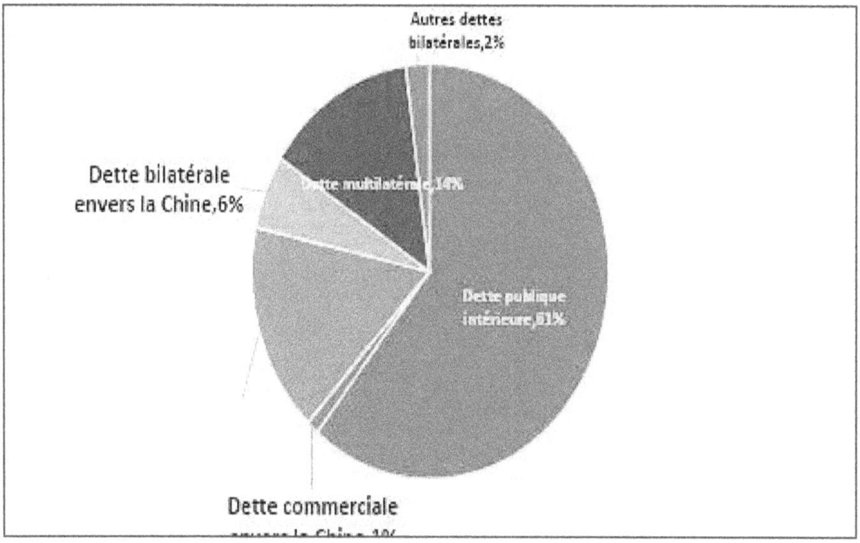


Source : Calcul de l'auteur à partir de la base de données International Debt Statistics de la Banque mondiale ; base de données des Perspectives de l'économie mondiale du FMI, 2023

La part de la Chine dans le total de la dette souveraine de l'Afrique subsaharienne est évaluée à environ 6 %. Cette part relativement faible, mais conséquente comparée à celle des autres bailleurs bilatéraux (2 %), montre la position de premier choix et la part croissante de la Chine dans les créances publiques de la région. La dette publique envers la Chine est principalement concentrée dans cinq pays qui représentent 55 % de cette dette (Angola, Kenya, Zambie, Cameroun, et Nigéria, principalement des pays riches en ressources naturelles).

Du côté des investissements privés, la Chine a aussi considérablement augmenté ses IDE dans le monde. En effet, au courant l'année 2022[21], le flux d'investissements directs étrangers de la Chine s'élevait à 163,12 milliards de dollars américains, la classant au deuxième rang mondial, parmi les trois premiers au monde pendant 11 années consécutives et représentant plus de 10 % de la part mondiale pendant sept années consécutives. À la fin de 2022, le stock des investissements directs

[21] Le ministère du Commerce, le Bureau national des statistiques et l'Administration d'État des changes ont publié conjointement le « Bulletin statistique 2022 sur les investissements directs chinois à l'étranger ».

étrangers de la Chine atteignait 2 750 milliards de dollars américains, la classant parmi les trois premiers au monde pendant six années consécutives. Particulièrement en Afrique, les entreprises chinoises restent très présentes avec environ 3413 entreprises recensées pour l'année 2017[22]. En 2021, les investissements chinois ont représenté environ 23 % des entrées annuelles d'IDE (soit 3 milliards de dollars environ) dans la région subsaharienne.

[22] « Bulletin statistique 2017 sur les investissements directs chinois à l'étranger ».

# CHAPITRE 3

# LES DOMAINES ET MODALITÉS D'INTERVENTION DE LA CHINE

Depuis une décennie, la Chine a considérablement renforcé ses liens économiques avec de nombreux pays africains, non seulement à travers le commerce, mais aussi par le biais d'investissements directs, de prêts et d'aide au développement. Cette implication financière diversifiée témoigne l'ampleur de l'engagement chinois à jouer un rôle clé dans le développement économique de l'Afrique.

Les secteurs qui ont bénéficié de manière significative de ces financements chinois comprennent entre autres les infrastructures, l'énergie et les télécommunications. En matière d'infrastructure, la Chine a financé et construit d'importants projets tels que des routes, des ponts, des ports et des chemins de fer qui visent à améliorer la connectivité au sein des pays africains et à renforcer les liens avec les marchés internationaux.

Cependant, même si la Chine est devenue un partenaire stratégique dans le développement des infrastructures du continent africain, ses modes d'intervention ont été diversement appréciés par les experts, décideurs publics, universitaires, etc.

Le chapitre 5 se concentrera sur les domaines d'intervention, les instruments de financement utilisés par la Chine, les conditions associées et la gouvernance des projets.

## Section 1 : Répartition sectorielle des financements chinois

Le choix privilégié des interventions de la Chine dans les domaines de la construction d'infrastructures, de l'énergie, des télécommunications, de l'hydraulique est principalement guidé par la priorité que les États africains accordent à ces secteurs (AFPICL-BU HDL, 2015). Leur expertise en ces domaines et le principe de l'aide liée leur ont permis de remporter énormément de marchés en Afrique durant ces dernières décennies.

De plus, la Chine réalise des infrastructures socioéconomiques (hôpitaux, écoles, stades, etc.) en Afrique en contrepartie de l'exploitation des ressources naturelles. Étant confrontée à une demande explosive de biens de consommation liée à sa forte démographie, elle est plus présente dans les pays comme l'Angola, la République Démocratique du Congo, le Cameroun, la Zambie, le Niger, le Soudan, l'Afrique du Sud, etc., qui disposent de plus de ressources naturelles.

### 1. Focus sur les infrastructures de transport

Le secteur du transport en Afrique a reçu la plus grande part des engagements de financement chinois ces dernières années. Et ces engagements sont estimés à 33,8 milliards USD en 2019 et à 34,4 milliards USD en 2020[23], soit respectivement 40 et 42 % des engagements totaux. Les premiers créditeurs de ces financements sont les gouvernements africains eux-mêmes qui contribuent pour plus de la moitié de ces engagements chaque année, soit 55 % (18,7 milliards USD) en 2019 et 54 % (18,6 milliards USD) en 2020.

L'implication de la Chine dans ces financements d'infrastructures de transport en Afrique a pris une ampleur inédite avec l'accroissement exponentiel des échanges économiques entre les deux partenaires dans les années 2000. La Chine est considérée actuellement comme la deuxième source de crédits, qui a financé 10 % des projets de construction d'infrastructures de transport en Afrique en 2017[24]. Ces financements sont élaborés et octroyés par plusieurs instances de l'État chinois, dont le ministère du Commerce, l'Agence chinoise d'aide au développement ainsi que les banques ayant pour mandat de soutenir l'exportation des entreprises chinoises de bâtiments et travaux publics (BTP). Ils sont estimés à plus de 110 milliards de dollars américains entre 2016 et 2020 dont 4,1 milliards en 2019 et 3,6 milliards en 2020[25]. Ces investissements massifs ont permis la réalisation de projets diversifiés couvrant des secteurs tels que les routes, les chemins de fer, les ports, les aéroports.

Les projets de construction routière ont drainé l'essentiel des financements chinois. Plus de 6 000 kilomètres de routes ont été construits ou rénovés grâce à ces investissements depuis 2000, renforçant

---

[23] Tendances du Financement des Infrastructures en Afrique 2019-2020 (ICA)

[24] Le Consortium pour les infrastructures en Afrique, Tendances du financement des infrastructures en Afrique – 2017, op. cit., p. 70.

[25] Tendances du Financement des Infrastructures en Afrique 2019-2020 (ICA).

ainsi la connectivité interne des pays africains et facilitant le mouvement des biens et des personnes. Ces financements se font souvent via des investissements dans des autoroutes à péage ou des projets de rentes routières. En 2019 et 2020, les engagements dans le secteur routier sont estimés respectivement à 31 et 50,2 % des engagements du secteur des transports.

Les liaisons ferroviaires ont également été au cœur des projets soutenus par la Chine. Plus de 6000 km de voies ferrées ont été aussi développés par la Chine depuis 2000, contribuant à moderniser les systèmes de transport par voie ferrée et à faciliter le commerce régional. À ce propos, le projet du chemin de fer Mombasa-Nairobi au Kenya, financé en grande partie par la Chine est un exemple ; il a réduit significativement le temps de trajet entre les deux villes principales. En 2019, la Chine s'est engagée également à financer à hauteur de 1,2 milliard USD un système de train léger de 68 km reliant une ville industrielle de la banlieue du Caire à la nouvelle capitale administrative de l'Égypte. Également, la Chine a financé en grande partie le projet de chemin de fer « le Standard Gauge Railway (SGR) » à hauteur de 6,8 milliards de dollars.

Les ports africains ont eux aussi bénéficié de l'expertise et des investissements chinois. Des projets majeurs, tels que l'extension du port de Bagamoyo en Tanzanie, ont été soutenus par des financements chinois, renforçant les capacités portuaires et facilitant les échanges commerciaux avec le reste du monde. Durant les deux dernières décennies, plus de 20 ports ont été construits par la Chine en Afrique, selon le ministre des Affaires étrangères de la Chine.

En ce qui concerne l'aviation, des aéroports modernisés ont émergé grâce aux investissements chinois, améliorant ainsi les infrastructures aéroportuaires et stimulant le tourisme et les déplacements aériens. Trois projets de construction dans le domaine de l'aviation ont été annoncés en 2022, notamment en Tanzanie, pour une valeur d'environ 190 millions de dollars[26].

En plus, l'initiative des « Nouvelles routes de la soie » lancée par la Chine en 2013, qui vise à relier l'Asie à l'Afrique et à l'Europe par des réseaux terrestres et maritimes dans le but d'améliorer l'intégration régionale et d'accroître le commerce, a contribué à améliorer le

[26] Nedopil, Christoph (janvier 2023) : « Rapport d'investissement sur l'Initiative chinoise de la Ceinture et de la Route (BRI) 2022 », Green Finance & Development Center, FISF Fudan University, Shanghai.

financement de la Chine dans les infrastructures de transport en Afrique. 133 pays ont signé un protocole d'accord avec la Chine pour faire partie de cette initiative, dont 40 pays africains en 2021.

Ces investissements massifs dans les infrastructures de transport en Afrique s'inscrivent dans la volonté de la Chine de promouvoir le développement économique et d'approfondir les liens économiques avec le continent. Néanmoins, son engagement dans le financement du secteur du transport a connu une baisse ces dernières années. Cette diminution est due en grande partie aux effets de la Covid-19 et à des préoccupations de la Chine relative à la situation de la dette extérieure des pays africains.

**Figure 24 : Évolution du financement du secteur de transport en milliards de dollars US**

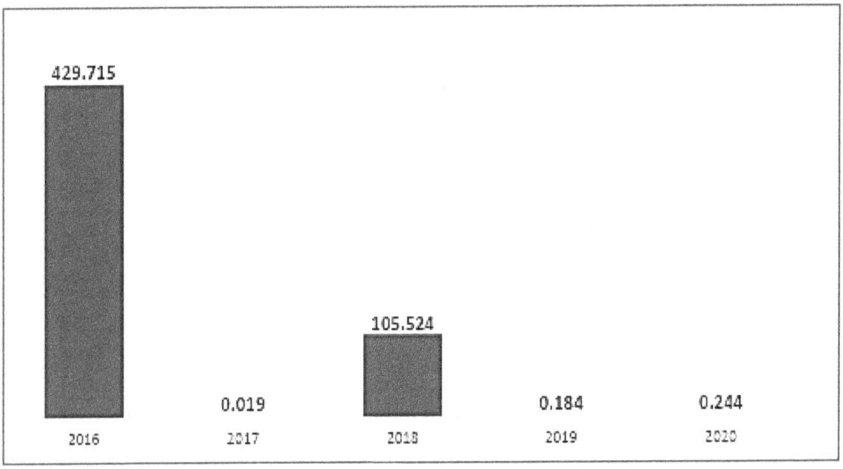


Source : Calcul de l'auteur à partir de la Base de données des prêts chinois à l'Afrique de l'Initiative de recherche Chine-Afrique[27], 2024

## 2 Autres secteurs bénéficiaires

Le financement de la Chine en Afrique dans des projets tels que les barrages hydroélectriques, les réseaux de télécommunications et les infrastructures extractives constitue également un aspect majeur de sa stratégie économique et géopolitique pour approfondir les liens économiques avec le continent. Dans cette logique, elle cherche toujours à consolider sa position en investissant massivement dans ces secteurs.

[27] https://chinaafricaloandata.bu.edu/

Les financements de la Chine dans le secteur de l'énergie en Afrique sont estimés en moyenne à 26 milliards de USD sur la période de 2016 à 2020[28]. Et là, l'un des domaines dans lequel la Chine a le plus investi est celui des barrages hydroélectriques. À travers des partenariats commerciaux et des accords bilatéraux, elle a financé la construction de barrages dans plusieurs pays en Afrique. Ces projets permettent non seulement de répondre aux besoins croissants en énergie de ces nations, mais aussi d'établir des liens économiques étroits avec celles-ci. Par exemple, un prêt de 550 millions USD a été accordé en 2020 à la Zambie pour le développement de la centrale hydroélectrique de Kafue Gorge Lower, qui est la première centrale hydroélectrique mise en chantier par la Zambie depuis 40 ans. Cette centrale génère une capacité de 750 000 kilowatts, augmentant de 38 % la capacité de production d'électricité actuelle de la Zambie. De même, en 2019, la Chine a engagé un prêt de 286 millions USD pour le projet hydroélectrique de Gribo-Popoli sur le fleuve Sassandra en Côte d'Ivoire. Ce projet augmentera également la part de la production d'énergie hydroélectrique de 112 MW et fournira 580 GWhs[29] de production annuelle d'électricité en Côte d'Ivoire.

**Figure 25 : Évolution des financements du secteur de l'énergie en milliards de dollars US :**

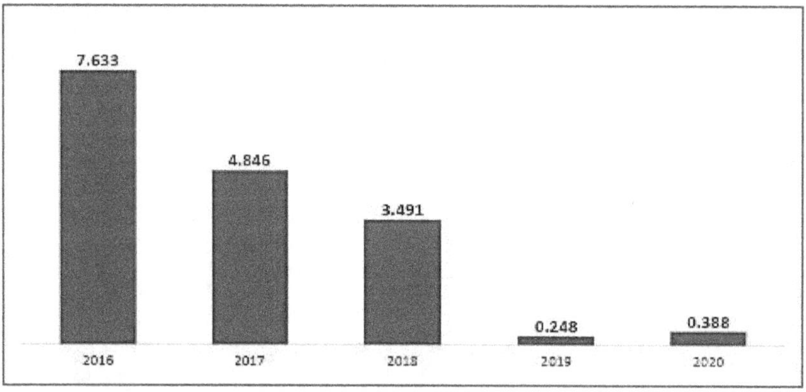


Source : Calcul de l'auteur à partir de la Base de données des prêts chinois à l'Afrique de l'Initiative de recherche Chine-Afrique (https://chinaafricaloandata.bu.edu/), 2024

[28] Calcul de l'auteur à partir de la Base de données des prêts chinois à l'Afrique de l'Initiative de recherche Chine-Afrique.
[29] Tendances du Financement des Infrastructures en Afrique 2019-2020.

Dans le domaine des réseaux de télécommunications, la Chine s'est positionnée également comme un acteur clé en fournissant des prêts, des équipements de télécommunication, du matériel aux entreprises nationales. Les investissements chinois dans les infrastructures TIC en Afrique ont dépassé 1 milliard de dollars américains pour la première fois en 2015. Cela a été principalement dû aux activités de l'un des fabricants d'équipement de télécommunications le plus important au monde, Huawei, qui joue un rôle central dans l'amélioration de l'accès à Internet de très haut débit dans de nombreux pays d'Afrique. Par exemple, au Zimbabwe, elle était le contractant du programme de modernisation de réseau avec un prêt de 98 millions[30] de dollars américains accordé par la banque Eximbank of China. De même, au Togo, Huawei a reçu également de China Eximbank un financement d'une valeur de 22 millions de dollars américains pour construire environ 500 bâtiments administratifs connectés au réseau à fibre optique.

En somme, les engagements de la Chine en faveur du secteur des TIC en Afrique ont beaucoup fluctué au cours des derniers exercices, mais sont restés globalement faibles. Ils sont estimés à plus de 770 millions USD en 2019 et à plus de 671 millions USD en 2020, soit respectivement 12 %, et 3 %, du total des engagements de ces années. Toutefois, le financement de ce secteur par la Chine a connu un rebondissement pour atteindre plus de 13 milliards en 2022[31].

[30] ICA, 2018 : https://www.icafrica.org/fr/topics-programmes/ict/africa's-ict-sector-and-china/

[31] Calcul de l'auteur à partir de la Base de données des prêts chinois à l'Afrique de l'Initiative de recherche Chine-Afrique.

**Figure 26 : Évolution des financements du secteur TIC en millions de dollars US**

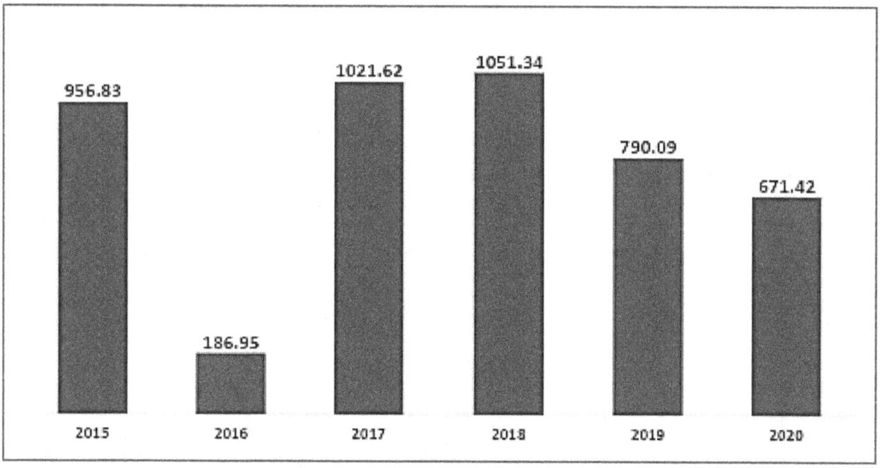


Source : Calcul de l'auteur à partir de la Base de données de Global Development Policy center, 2024

La Chine s'est aussi engagée dans de nombreux projets miniers et pétroliers dans le continent africain. En effet, elle contrôlait plus d'une dizaine de projets d'exploitation minière en Afrique en 2011 et plus d'une trentaine en 2018. Elle assure ainsi un approvisionnement stable en ressources naturelles nécessaires à sa croissance économique rapide en recevant près de 30 % de son ravitaillement en pétrole de l'Afrique, soit 38 millions de tonnes par an. L'essentiel de ses importations provient de l'Angola, du Congo, de la Guinée équatoriale, du Nigeria et du Soudan. Ces investissements offrent en même temps aux pays africains des opportunités de développement économique, mais posent souvent des défis en termes de gestion environnementale, de droits de l'homme et de transparence.

Le secteur de l'eau et de l'assainissement a également bénéficié des financements de la Chine ces dernières années. Ils sont estimés en moyenne à 4,4 milliards de dollars sur la période de 2015 à 2019. Le record de ces financements de la Chine dans ce secteur avait été atteint en 2018 atteignant plus de 8 milliards de dollars US contre 4 milliards en 2019[32], soit une baisse de 50 %. Ainsi, 106 millions USD ont été engagés pour soutenir le projet d'infrastructures intégrées de la ville de

[32] Calcul de l'auteur à partir de la Base de données de Global Development Policy center.

Sumbe, dans la province de Kwanza Sul (Angola) en 2019, lequel comprend des activités de stabilisation des pentes et de délocalisation, ainsi que des travaux de construction, y compris l'évacuation des eaux, les chemins piétonniers, le pavage des rues et les systèmes d'éclairage et d'assainissement.

**Figure 27 : Évolution des financements du secteur de l'eau et de l'assainissement en millions de dollars US**

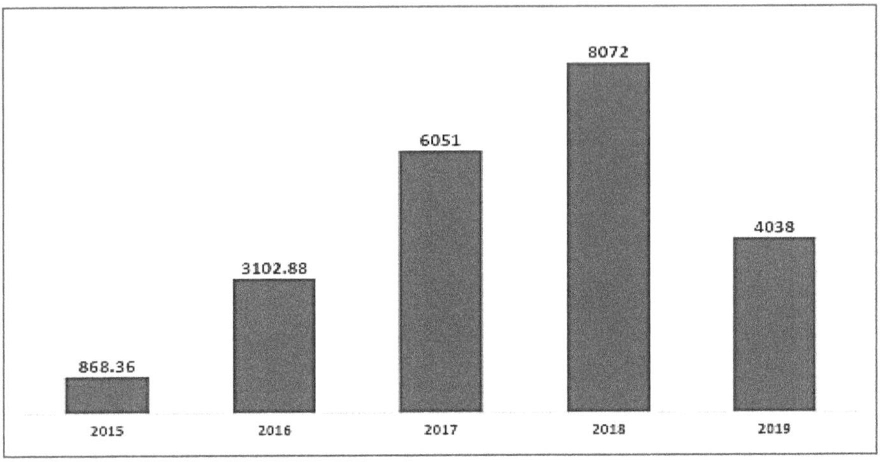


Source : Calcul de l'auteur à partir de la Base de données de Global Development Policy center, 2024

La Chine, grâce à ses financements dans les différents secteurs par l'intermédiaire de ses institutions bancaires et de ses seuls prêts, est devenue le premier bailleur bilatéral du continent africain en une décennie[33]. Toutefois, la diversification de ces investissements sectoriels mérite une analyse profonde afin d'évaluer les modalités d'intervention de financement, particulièrement dans les infrastructures en Afrique.

### 3. Analyse de la concentration sectorielle des financements

Le financement de la Chine en Afrique couvre un large éventail de secteurs économiques. En termes de concentration sectorielle, certains secteurs se démarquent nettement. Il s'agit des secteurs tels que le transport et l'énergie qui ont attiré une part significative des investissements ces dernières années. Ils ont considérablement amélioré l'accessibilité et les capacités logistiques d'infrastructure des pays

[33] Le positionnement de la Chine parmi les bailleurs en Afrique subsaharienne (Louis BERTRAND, Sary ZOGHEL, 2019).

africains mais elles ont également soulevé des questions quant à une possible surconcentration et des préoccupations quant à la soutenabilité de la dette.

Le secteur du transport absorbe l'essentiel des investissements de la Chine dans le continent. Ceux-ci sont principalement concentrés dans le développement d'infrastructures de transport telles que les réseaux ferroviaires, les autoroutes et les ports. Les prêts sont estimés en moyenne à 100 milliards de dollars US sur la période 2016-2020[34]. Bien que ces projets d'envergure visent à faciliter la connectivité régionale, à stimuler le commerce et à renforcer les liens économiques entre la Chine et les pays africains, leur concentration croissante a des implications profondes sur les dynamiques économiques des pays africains et n'échappe pas aux critiques. Certains observateurs soulignent le risque de dépendance excessive des pays africains vis-à-vis de la Chine, mettant en lumière ses implications potentielles dans la souveraineté économique et la durabilité financière. Et d'autres craignent que cette concentration engendre des risques en matière de diversification économique.

Le secteur énergétique a également été un point d'ancrage pour les financements chinois en Afrique ; il a attiré en moyenne plus de 26 milliards des prêts sur la période de 2016 à 2020. Ces financements se sont principalement orientés vers le développement des infrastructures énergétiques, englobant des projets tels que la construction de centrales électriques, l'exploitation de ressources naturelles comme le pétrole et le gaz. Cette concentration sectorielle soulève également des interrogations sur la dépendance de certains pays africains à l'égard des industries extractives et sur les matières premières qui pourraient influencer leur développement économique à long terme.

Au demeurant, la Chine cherche aujourd'hui à diversifier ses investissements en Afrique. On observe ces dernières années une augmentation des financements dans des secteurs tels que les TIC, l'agriculture, l'éducation, la santé, etc. Elle investit aujourd'hui dans le déploiement de réseaux de télécommunications, la fourniture d'équipements technologiques (avec le géant chinois Huawei), le développement de l'agriculture (en contribuant à la mise en œuvre de plus de 500 projets agricoles en Afrique), dans la santé (avec la construction de plus de 130 hôpitaux et cliniques) ainsi que dans l'éducation (avec la construction de plus de 170 écoles). Cette diversification sectorielle peut être

[34] Calcul de l'auteur à partir de la Base de données de Global Développement Policy center.

analysée comme une stratégie déroulée par la Chine pour élargir son influence économique en Afrique tout en réduisant sa dépendance vis-à-vis de certains secteurs spécifiques. Elle peut également être perçue comme une réponse aux inquiétudes de certains observateurs concernant la concentration excessive dans certains secteurs, en montrant que la Chine a le souci de diversifier les secteurs et d'équilibrer son intervention dans le développement économique de l'Afrique.

**Figure 28 : Répartition des financements chinois en Afrique par secteur de 2000 à 2020 (en million USD)**

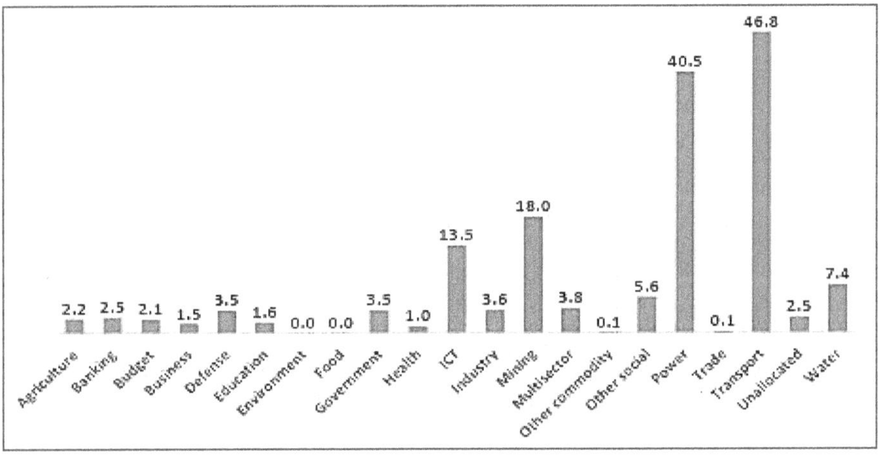


Source : Centre de politique de développement mondial (Base de données des prêts chinois à l'Afrique), 2024

## Section 2 : Les instruments de financement utilisés

La Chine a joué un rôle de plus en plus prépondérant en Afrique en matière de financement, en utilisant plusieurs instruments pour promouvoir la coopération économique et renforcer ses liens avec les pays africains. Parmi les instruments de financement clés utilisés par la Chine en Afrique, on peut citer les prêts et la coopération économique.

### 1. Les prêts concessionnels

Les prêts concessionnels sont des prêts offerts en dessous du taux du marché. Ces prêts sont souvent destinés à des projets d'infrastructure qui jouent un rôle important dans l'engagement de la Chine en Afrique et ont contribué à réduire le déficit d'infrastructure du continent. Ces prêts sont assortis de conditions plus favorables que les prêts commerciaux classiques, mais peuvent présenter des difficultés. En effet, les contrats stipulent souvent que les entreprises d'État chinoises sont les principaux entrepreneurs des projets, ce qui peut freiner le développement des industries locales, et cela crée d'autres problèmes.

La mise en évidence du caractère concessionnel de « l'aide » chinoise permet de voir quel secteur de l'économie a bénéficié du soutien au développement le plus pragmatique (infrastructures). Mais certains de ces prêts concessionnels présentent des risques de garantie importants et peuvent entraver la flexibilité financière des pays africains. À titre d'exemple, en 2015, le projet de modernisation de l'aéroport international d'Entebbe (Ouganda) a été financé par la Banque d'import-export de Chine sur un prêt de 200 millions de dollars. Comme l'aéroport ne pouvait pas servir de garantie parce qu'il s'agissait d'un actif illiquide, le contrat avait prévu plutôt un dépôt en espèces sur un compte séquestre, permettant au prêteur de le saisir en cas de défaillance. Le contrat avait également prévu que toutes les recettes de l'aéroport seraient affectées au remboursement du prêt sur 20 ans, ce qui est unique puisque l'aéroport avait été créé avant l'octroi du prêt (Jana de Kluiver, 2023).

En outre, l'aide chinoise en Afrique occupe une place centrale dans sa coopération bilatérale. Et il existe trois formes d'aide fournies par la Chine : les subventions (ministère du Commerce), qui sont principalement des aides en nature ; ensuite des prêts à taux zéro, dont les autorités chinoises considèrent que plus de 90 % seront amortis à terme ; enfin les prêts concessionnels octroyés par Eximbank, ils bénéficient d'une bonification d'intérêt du MOFCOM (la subvention est la différence entre le taux de base de la banque centrale de Chine et le taux préférentiel des prêts). Lors de la réunion du troisième Forum sur la coopération sino-africaine (FOCAC III) de 2006, les dirigeants chinois avaient annoncé qu'ils affectaient à l'Afrique 2 milliards de dollars en prêts concessionnels.

Par ailleurs, les autres flux financiers de la Chine vers l'Afrique semblent prendre principalement la forme de prêts commerciaux (ni le montant ni les conditions de ces prêts ne sont actuellement révélés), et les investissements, principalement dans les ressources naturelles, se font par le biais de coentreprises ou d'acquisitions de licences pour production. Les flux d'IDE peuvent parfois être la contrepartie de l'octroi de prêts, un phénomène observé en Angola, au Nigeria ou au Soudan. La principale branche du gouvernement chinois en matière d'aide bilatérale vers le continent africain est la China Exmbank, qui participe au financement de presque tous les projets les plus importants.

### 1.1 Prêts à taux préférentiels accordés par des institutions financières chinoises

Dans le cadre de la coopération économique de l'Afrique et la Chine, certaines institutions financières chinoises octroient des prêts préférentiels aux pays africains. Cependant, ces prêts sont octroyés au taux d'intérêt annuel de 2 à 3 % (un taux inférieur aux taux appliqués par les pays occidentaux), souvent de 1 à 1,5 % au-dessus du taux de référence interbancaire de la finance internationale offert à Londres (Libor). Les périodes de remboursement vont de 15 à 20 ans, avec des périodes de grâce de cinq à sept ans. La Chine a accordé à 76 pays des prêts à taux préférentiels pour appuyer 325 projets, avec la réalisation de 142 projets. Les chiffres montrent clairement que sur les 28,7 % d'aide « publique » chinoise allant au financement de prêts à taux préférentiels, plus de 77 % étaient en appui à l'industrie et à l'infrastructure économique favorable au commerce.

Eximbank accorde des prêts à taux préférentiels pour tous les grands projets avec l'obligation habituelle d'utiliser un grand nombre de services et de biens physiques chinois pour la réalisation du projet désigné. Ils enregistrent une hausse rapide comme outils d'aide au développement.

D'autre part, le Conseil d'État, en 2011, a souligné que sur 325 projets financés à des conditions libérales entrepris à travers le monde depuis 1995, 142 ont été achevés. Mais le détail sur les chiffres en ce qui concerne la part de l'Afrique n'est pas disponible ; toutefois, il demeure qu'en fin 2005, 800 millions de dollars de financements concessionnels avaient été déployés dans 55 projets africains (Broadman et al, 2006). Et en début 2008, le nombre de projets était passé à 87 milliards pour un montant de plus de 1,5 milliard de dollars (Brautigam, 2011).

Par ailleurs, lors du sommet de FOCAC de 2006, la Chine s'était engagée à prêter aux pays africains près de 3 milliards de dollars en crédits à l'exportation à taux préférentiel, au cours des trois années suivantes. Ces engagements ont été remplis et renforcés de manière consistante.

En plus, le Premier ministre chinois d'alors Wen Jiabao avait annoncé que son pays avait l'intention d'accorder, entre 2010 et 2012, des prêts à faible taux, d'un montant de 10 milliards de dollars aux pays africains qui ont des liens diplomatiques avec la Chine, en soulignant qu'une partie de ces prêts aurait un caractère préférentiel et que le reste serait accordé sous forme de crédits à l'exportation.

Ces prêts chinois qui ont des taux d'intérêt bas et s'étalent sur de longues périodes de remboursement (Vinicius de Freitas, 2023) ont permis aux pays africains d'avoir le financement nécessaire pour construire leurs infrastructures et permettre la création de la croissance économique. Celui-ci a comblé un déficit que les pays occidentaux n'étaient pas disposés à combler. Ces prêts ont été essentiellement fournis pour développer les maigres infrastructures de l'Afrique : environ 40 % ont été utilisés pour la production et le transport d'électricité et 30 % pour moderniser les installations de transport obsolètes.

### 1.2 Quelques exemples de prêteurs chinois

Le gouvernement chinois ne se comporte pas comme un créancier unique avec une approche politique uniforme qui guide l'ensemble de ses activités de prêt public. Il existe de nombreuses institutions de prêt chinoises, y compris des banques stratégiques d'État, des banques commerciales d'État et des entreprises d'État, engagées dans des activités de prêt public, qui ont chacune leur propre politique de prêt. La plus grande partie des prêts chinois provient de certaines institutions financières : les deux principales banques stratégiques, la Banque d'import-export de Chine (BIEC ou *China Eximbank*) et la Banque de développement de Chine (BDC).

La Banque chinoise d'import-export (Eximbank) est une « banque politique financée par l'État et appartenant à l'État, qui jouit d'un statut d'entité juridique indépendante ». Elle opère sous le contrôle du Conseil d'État chinois[35]. Elle a été créée en 1994 pour promouvoir les objectifs de la Chine en matière de commerce international, d'investissement et de coopération politique. C'est le plus grand prêteur chinois aux pays africains avec un peu plus de 63 milliards de dollars entre 2000 et 2015 (Kevin Yin, 2020), même s'il faut tout de rappeler que le plus grand prêteur global en Afrique est la Banque Mondiale.[36]

Eximbank propose quatre sortes de financement. Premièrement, il y a les lettres de garantie qui offrent à court terme du financement à des entreprises chinoises pour faire du commerce. Deuxièmement, il y a les

---

[35] The Export-Import Bank of China. Introduction. http://english.eximbank.gov.cn/Profile/AboutTB/Introduction/

[36] SAIS Institut de Recherche Chine-Afrique à l'Université John Hopkins. Prêts annuels chinois accordés aux gouvernements africains.

crédits de vente à l'exportation, qui sont également destinés aux entreprises chinoises, au financement de contrats, aux exportations et investissements à long terme à l'étranger. Troisièmement on a les crédits d'achat à l'exportation, qui sont des prêts consentis aux gouvernements étrangers pour l'achat des biens et services exportés par la Chine. Enfin, il y a les prêts concessionnels, qui sont des prêts offerts en deçà du taux du marché à des fins d'aide et d'appui à la diplomatie.

La Banque de Développement de Chine (BDC), quant à elle, est une institution de financement du développement (IFD) et est également contrôlée par le Conseil d'État chinois. Elle a les mêmes objectifs que l'Eximbank, sauf que la BDC fait principalement des prêts commerciaux (qui ont un taux d'intérêt plus élevé).

De surcroît, la BDC contrôle deux grands projets dans la relation Chine et Afrique, dont le Fonds de développement Chine-Afrique et le programme de prêts aux petites et moyennes entreprises (PME). Les projets de la BDC ont chacun un rôle spécifique. Le fonds de développement sert à investir dans les actions tandis que le programme PME accorde des prêts aux banques africaines qui, à leur tour, prêtent aux entreprises africaines en besoin de financement. La BDC a effectué des prêts entre 2000 et 2015 aux gouvernements africains d'une valeur estimée à plus de 12 milliards de dollars (Kevin Yin, 2020)

Quoi qu'il en soit, l'Eximbank est le principal bailleur de fonds bilatéraux en Afrique, bien que la BDC ait accru sa présence après 2010. Les prêts d'aide à l'étranger sont gérés par la nouvelle agence d'aide à l'étranger, la CIDCA (Agence chinoise de coopération internationale pour le développement) depuis 2018. Avant cette date, ces prêts étaient versés par le biais du ministère du Commerce (MINCOM). Une grande partie de cette aide à l'étranger prend la forme de prêts à taux zéro (PTZ), et de prêts concessionnels (PC), où l'aide est utilisée pour subventionner le taux d'intérêt. Un nombre croissant de grandes banques commerciales chinoises comme la Banque industrielle et commerciale de Chine (BICC) et la Banque de Chine (BC) émergent également en tant que prêteurs en Afrique.

Ces grandes banques stratégiques chinoises sont indépendantes dans les décisions d'octroi de prêts, mais elles sont responsables devant un ensemble d'institutions politiques qui les supervisent. Ces institutions sont le Conseil des affaires d'État, divers ministères, la Banque centrale de Chine (BPC) et la CIDCA récemment créée.

**Tableau N° 5 : Principales institutions financières impliquées dans les prêts chinois accordés à l'étranger**

| Institutions | Description |
|---|---|
| Banque de développement de la Chine (BDC ou CDB en anglais) | La *BDC* est une agence gouvernementale de niveau ministériel placée sous la supervision du Conseil des affaires d'État et sous la réglementation de la Commission chinoise de réglementation des banques et des assurances (CCRBA). C'est l'une des principales banques qui soutient les stratégies de niveau national dans le cadre de la coopération sino-africaine et de l'Initiative « Une ceinture, une route ». Malgré ce rôle stratégique, elle occupe un statut hybride en tant que banque, et le gouvernement chinois insiste sur le fait que la BDC n'est pas un prêteur bilatéral public mais une banque commerciale dans le contexte de l'ISSD, car elle ne prête qu'à des conditions commerciales sans subvention publique. |
| Banque d'import-export de Chine (Eximbank) | L'*Eximbank* est une agence gouvernementale de niveau vice-ministériel et la plus grande agence de crédit à l'exportation. C'est une banque stratégique et un créancier « public ». Elle est la seule institution à fournir des prêts concessionnels (PC) subventionnés par l'aide à l'étranger, qui sont utilisés pour les projets d'infrastructure approuvés par la CIDCA.<br>La majorité des prêts de l'*Eximbank* sont des crédits d'acheteurs à l'exportation, qui accordent des prêts libellés en USD aux gouvernements et aux entreprises parapubliques, et sont liés à l'achat de biens et de services chinois. Ils subventionnent jusqu'à 85 % du coût du projet. Ils sont plus coûteux que les PC et ne sont pas subventionnés par le gouvernement. |
| **Sinosure** | *Sinosure* est un organisme de crédit à l'exportation (OCE) placé sous la supervision du Conseil des affaires d'État. Il n'offre pas de prêts directs, mais fournit une assurance aux exportateurs, entrepreneurs et prêteurs chinois. En outre, *Sinosure* est le principal fournisseur d'assurances contre les risques liés aux investissements chinois à l'étranger et à l'ICR. Elle fournit une assurance contre les risques politiques et commerciaux en cas de non-remboursement du prêt, ce qui est considéré comme souvent essentiel pour les prêts commerciaux émis par la BDC et les banques commerciales. *Sinosure* joue un rôle |

| Institutions | Description |
|---|---|
| | essentiel dans l'approbation des accords de prêt bénéficiant d'une assurance-crédit, et doit être informée de tout problème de remboursement. En cas de défaut de paiement, elle assume les droits des prêteurs dans la négociation des résultats et prend la décision finale concernant l'approbation de toute restructuration de prêt (Chen 2020). |
| Autres prêteurs commerciaux (la BICC, la BC) | Les principales banques chinoises sont en fin de compte détenues par l'État, mais elles agissent en tant qu'institutions commerciales indépendantes. La BICC et la BC sont deux parties prenantes relativement nouvelles mais émergentes en Afrique. |

Source : CABRI, 2020

### 2 Facilités de crédits ouverts par les banques chinoises au profit d'institutions africaines

La Chine apporte un soutien très remarquable à ses institutions bancaires pour sa réussite économique dans les pays africains. Ces institutions financières interviennent dans le rachat de sociétés étrangères de ressources, de réserves minérales et énergétiques et de grands projets d'investissement institutionnel dans les secteurs pétroliers et des infrastructures du continent. Il existe une phalange d'agences de financement publiques soutenues par d'énormes réserves nationales de liquidités accumulées de plus de 2 000 milliards de dollars américains.

Cependant, un Fonds de développement Chine-Afrique (CADF) a été officiellement créé le 14 mars 2007, suite à la promesse du président chinois Hu Jintao lors du sommet Chine-Afrique de Pékin en 2006, de fournir des fonds supplémentaires pour les investissements en Afrique. Le CADF est financé et contrôlé par la China Development Bank (CDC). Le président Hu Jintao a souligné lors du sommet de 2006 du FOCAC à Pékin que la Chine cherchait un nouveau mécanisme pour faciliter les investissements en Afrique. Le champ d'activité du fonds comprend les investissements en actions et quasi-actions, les investissements en fonds, la gestion d'investissements et les services de conseil. Sa mission est de soutenir le développement des secteurs agricole, manufacturier et énergétique des pays africains ; développer les réseaux de transport et de télécommunications ; et promouvoir le rythme des infrastructures urbaines, de l'extraction des ressources et de l'établissement de zones commerciales, ou centres d'affaires chinois en Afrique.

Les responsables chinois ont promis que le fonds serait plus complet que les offres similaires proposées par des organisations internationales telles que la Banque africaine de Développement (BAD) et la Société financière internationale (SFI). Des multinationales et des entreprises publiques chinoises ont déjà bénéficié de l'aide du fonds pour accéder au marché africain.

Par ailleurs, les institutions financières chinoises utilisent une stratégie pour faciliter le commerce et les investissements, qui consiste à investir dans des banques étrangères ayant une forte présence en Afrique, par le biais de succursales et de clientèles. En octobre 2007, la Banque industrielle et commerciale de Chine (ICBC), la plus grande banque du monde en termes de valeur marchande, a acheté une part de 20 pour cent dans le groupe sud-africain Standard Bank Group Ltd. pour 5,4 milliards de dollars. Cette banque, qui opère dans 18 pays africains, est en tête de toutes les banques en matière de prêts africains et possède des actifs de près de 120 milliards de dollars américains (Caggeso, 2007).

En plus, la Chine a complété cet achat en acquérant une participation dans la banque britannique Barclays. En utilisant 200 milliards de dollars d'actifs de China Investment Corp., la Chine a payé 3 milliards de dollars pour une participation dans la banque d'investissement américaine Blackstone. Blackstone a ensuite aidé CDC à acquérir une participation de 7 milliards de dollars dans Barclays Bank, la première banque africaine du Royaume-Uni, avec des positions dominantes dans des puissances-ressources telles que le Nigeria, l'Afrique du Sud, la Zambie et le Zimbabwe. Ces achats garantissent à la Chine l'accès à des intérêts puissants dans la communauté financière des principaux pays africains et facilitent les investissements par le biais d'accords non bilatéraux de gouvernement à gouvernement.

Pour ce qui est de l'information exacte sur l'ampleur et les conditions des crédits des acheteurs à l'exportation vers l'Afrique, l'Eximbank n'en donne aucune, mais elle renseigne seulement sur les conditions moyennes, notamment des taux d'intérêt de 2 %, pour une échéance de 10 à 15 ans, sans délai de grâce, et le renminbi comme monnaie de dette, applique une formule simplifiée d'élément de subvention (avec un taux d'actualisation de 10 %, qui est le coût d'opportunité du don pour le donateur) en supposant des rentes constantes, un taux de 15 %. Le crédit acheteur à l'exportation d'un an sans délai de grâce comporte un élément de don de 40,81 %.

**Tableau N° 6 : Montants cumulés des prêts par créancier et par sous-région d'Afrique subsaharienne sur la période 2000-2019**

| Part de la sous-région dans le total des prêts du créancier vers l'Afrique | Chine | | Créanciers multilatéraux | | Autres créanciers bilatéraux | |
|---|---|---|---|---|---|---|
| | Montant des prêts (MUSD) | Part en Afrique | Montant des prêts (MUSD) | Part en Afrique | Montant des prêts (MUSD) | Part en Afrique |
| Afrique Centrale | 62 439 | 44 % | 11 740 | 8 % | 5 616 | 19 % |
| Afrique de l'Est | 53 755 | 38 % | 72 117 | 51 % | 10 143 | 34 % |
| Afrique de l'Ouest | 19 284 | 14 % | 54 603 | 39 % | 9 341 | 32 % |
| Afrique Australe | 5 401 | 4 % | 1 743 | 1 % | 4 321 | 15 % |
| Total | 140 878 | 100 % | 140 203 | 100 % | 29 422 | 100 % |

Source : OCDE, Comité d'Aide au Développement, 2020.

Même si l'élément de don est suffisamment élevé pour que le Comité d'Aide au Développement (CAD) puisse considérer ces exportations concessionnelles comme de l'aide, les crédits à l'exportation sont généralement exclus de la définition de l'APD du CAD. Comme les Chinois ne tiennent compte que des bonifications d'intérêt implicites dans leurs statistiques d'aide, la différence entre la facture de la banque centrale à 3 ans (2,49 % en 2007) et le taux concessionnel (2 %) se traduirait par seulement 5 dollars d'aide chinoise.

Par ailleurs, des recherches d'Aid Data ont montré que les prêteurs publics chinois, motivés par la recherche du profit, incluent souvent dans leurs accords de prêt des conditions qui peuvent mettre à rude épreuve des économies africaines déjà fragiles. Il s'agit notamment de l'interdiction des restructurations collectives et d'importantes clauses de confidentialité. Ces conditions peuvent limiter la capacité des pays emprunteurs à prendre des décisions financières indépendantes et souveraines.

### 3 La coopération économique et technique (Dons, assistance technique, annulations de dettes)

Le « retour » de la Chine sur le continent depuis la fin des années 1990 a été un ouf de soulagement pour les pays africains, surtout lorsque la politique chinoise de *Going Out* s'est étendue à l'Afrique, à la fois en termes politiques, diplomatiques et économiques. En 2009, la Chine était devenue le principal partenaire commercial de l'Afrique, devant les États-Unis. Les investissements directs étrangers (IDE) ont également augmenté au fil des ans, mais beaucoup moins rapidement et de façon moins spectaculaire que le commerce (Thierry Pairault, 2018). Selon David Dollar, entre 2013 et 2014, les flux d'IDE chinois vers l'Afrique n'ont représenté que 4,4 % des flux totaux. Le stock total d'IDE chinois a atteint 35 milliards de dollars en 2015 (Atkins, 2017).

En 2000, le premier forum sur la coopération sino-africaine (FOCAC) a vu le jour. Depuis cette date, un forum de cette nature se tient tous les 3 ans avec la participation de tous les pays africains reconnaissant la République Populaire de Chine. Le premier forum, organisé en novembre 2000 à Beijing (Pékin), a permis la définition des stratégies économiques sur la relation entre la Chine et l'Afrique. Les stratégies établies sont : la création d'un fonds de développement pour financer la formation professionnelle, la mise en place du China-Africa Joint Business Council et la déclaration de la Chine pour une annulation de 1,4 milliard de dollars de dette contractée par les pays africains. À partir de 2000, plusieurs protocoles d'accord d'annulation totale ou partielle de la dette ont été signés pour un montant de 10 milliards de dollars.

Le deuxième forum, qui s'est tenu en novembre 2003 à Addis-Abeba, a permis la mise en place d'un plan d'action pour guider la coopération sino-africaine de 2004 à 2006. Le document du plan d'action établit une liste de mesures et des domaines dans lesquels la coopération doit être renforcée. D'après T. Dzaka (2008), ce forum a fixé trois objectifs majeurs :

- ***Premièrement,*** *la promotion des investissements bilatéraux, la coopération dans des domaines multiples et un engagement pour la paix sur le continent africain.*
- ***Deuxièmement,*** *la coopération dans divers domaines tels que la paix et de la sécurité (comprenant la coopération militaire et les opérations de maintien de la paix) ; la consultation au sein des organisations internationales (ONU, OMC, etc.) ; la coopération dans les secteurs identifiés comme prioritaires par le Nouveau Partenariat pour Développement de l'Afrique (NEPAD) ; l'agriculture ; la santé ; les infrastructures ; le tourisme ; les ressources humaines mais aussi l'exploitation des matières premières*[37]*.*
- ***Troisièmement****, le rééquilibrage de la balance commerciale.*

Malgré cet effort, le niveau des investissements financiers, en majorité sous forme d'IDE dans le continent africain, est considéré faible (3 % des IDE mondiaux en 2004) et varie chaque année.

Le sommet de Beijing en 2006, le troisième, a retenu l'attention et suscité de nombreuses réactions au sein de la communauté internationale, plus particulièrement chez les pays occidentaux. C'est à cette période que la coopération sino-africaine a réellement commencé à préoccuper les pays occidentaux. En fait, lors de ce sommet, les dirigeants chinois et africains ont ratifié un nouveau partenariat stratégique qui « ne représente pas le début d'une relation mais plutôt la fin d'une décennie d'efforts chinois pour percer sur le continent »[38]. Ce partenariat stratégique naissant a pris en compte plusieurs composantes du plan d'action du sommet d'Addis-Abeba, comme la consultation au sein des organisations internationales et la coopération en ce qui concerne l'aide au développement dans les domaines établis par le plan d'action de 2003. Il a pour ambition

[37] Infrastructures/prévention et traitement des maladies infectieuses/développement des ressources humaines/agriculture.
[38] C. Alden, China in Africa, op. cit. p. 120.

aussi de renforcer les échanges interprovinciaux, de travailler solidairement sur des problèmes communs (réforme de l'ONU, lutte contre le terrorisme, etc.).

Ce sommet de 2006 a permis également d'encourager davantage la Chine à renforcer son engagement dans cette relation bilatérale. Elle a saisi cette occasion pour annoncer le doublement de son aide entre 2006 et 2009, une augmentation des prêts concessionnels et de nombreux projets sociaux. En septembre 2007, elle a également annoncé un paquet de 5 milliards de dollars pour la République Démocratique du Congo (RDC) destiné à financer la construction de routes, de voies ferrées et d'universités, suivi en janvier 2008 de 9 milliards supplémentaires.

D'après Alden (2008), l'aide chinoise se chiffrerait à 44 millions de dollars en 2005 et passerait à 88 millions en 2009. Parmi les autres engagements annoncés en termes d'APD, il y a la création d'un fonds de développement Chine-Afrique de 5 milliards de dollars (3 milliards de dollars de prêts concessionnels et 2 milliards de prêts commerciaux). À ce sujet, T. Dzaka souligne, comme C. Alden, que ce fonds destiné à « soutenir les entreprises chinoises dans les réalisations d'investissements directs en Afrique » prouve la supériorité du domaine business dans la relation sino-africaine. En outre, certaines mesures ont été annoncées, qui concernent la mise en place de « zones franches industrielles pour accueillir des investisseurs chinois ».

Le forum de 2006 a été également une occasion pour les dirigeants chinois de répondre aux critiques de leurs homologues africains ayant trait principalement à l'impact négatif de la présence chinoise en Afrique. A cette occasion, les dirigeants chinois ont promis « d'améliorer les standards de leurs entreprises en matière de corruption et de respect des normes environnementales »[39], ensuite de rééquilibrer la balance commerciale entre les deux pays, tout en « s'engageant à augmenter l'accessibilité des exportations africaines au marché chinois », notamment en supprimant les droits de douane pour certains produits en provenance des pays les moins avancés (PMA), surtout africains. Alden note que, sur le plan commercial, le montant des contrats signés à l'occasion de ce sommet s'est élevé à 1,9 milliard de dollars.

Le forum sino-africain en novembre 2006, où 48 pays africains étaient présents, a renforcé ce cadre de coopération. Par là même, la Chine a devancé les autres pays asiatiques émergents (Inde, Singapour,

[39] C.Alden, China in Africa, op. cit. p. 122.

Thaïlande, etc.) et devient un concurrent des autres pays de l'OCDE. Par ailleurs, un livre blanc a été publié en janvier 2006 par Beijing portant sur la politique africaine de la Chine. C'est le premier document qui « insiste sur l'esprit gagnant-gagnant qui doit animer la coopération »[40]. Pour certains, ce livre blanc traduit la volonté de Beijing de rassurer ses partenaires mais aussi de répondre aux critiques (occidentales, mais surtout africaines) sur la présence chinoise dans le continent africain.

Selon Najah (2021), les forums, toutes catégories confondues, organisés par la Chine avec les pays africains, ont généré une croissance exponentielle des engagements de Pékin envers l'Afrique qui sont passés de 5 milliards de dollars en 2006, à 60 milliards de dollars en 2015, répartis entre divers fonds et contributions[41]. En 2018, ces engagements étaient restés inchangés, soit 60 milliards de dollars. En termes d'engagements de prêts, selon les estimations de l'Institut de recherche Chine-Afrique de l'Université Johns Hopkins, entre 2000 et 2019, les investisseurs chinois ont signé 1141 engagements de prêts d'une valeur de 153 milliards de dollars avec des gouvernements africains et leurs entreprises publiques. En matière d'investissements, ceux de la Chine représentaient 2 % des niveaux américains en 2000, alors qu'en 2020 ils atteignaient 55 %, selon l'Africa Center for Stategic Studies du département américain de la Défense.

### Section 3 : Les conditions associées aux financements chinois

Les prêts et investissements chinois ont souvent été accompagnés de conditions spécifiques qui reflètent à la fois les priorités économiques de la Chine et ses intérêts géopolitiques.

#### 1. Les conditions financières

##### 1.1 Taux d'intérêt, périodes de grâce, maturités

Selon la Banque Mondiale, la Chine effectue des prêts d'aide à l'étranger sous forme de prêts à taux zéro et de prêts concessionnels, des prêts publics d'aide non extérieure et des prêts commerciaux. En moyenne, les conditions des prêts publics chinois (des banques publiques, de la BDC et de l'Eximbank) ont tendance à être moins concessionnelles que les prêts de la Banque Mondiale, mais toujours plus concessionnelles que ceux des prêteurs privés ou commerciaux, ce qui en fait une

[40] J. R. Chaponnière, *loc. cit.* p. 11.

[41] http://chinaafricaproject.com/focac-2015-making-sense-of-thenumbers/

alternative compétitive pour les gouvernements emprunteurs (Morris, Parks et Gardner, 2020).

Selon le rapport économique de la direction du trésor français, le principal constat à faire sur les prêts chinois en Afrique c'est l'opacité qui entoure les procédures et les acteurs impliqués. Horn et al. (2019) estiment que 50 % des prêts de la Chine aux pays en développement ne sont pas déclarés au Fonds Monétaire international (FMI), ni à la Banque Mondiale. Cette « dette cachée » ~~re~~couvre le plus souvent des « prêts circulaires », à savoir des emprunts directement versés sur le compte de l'entreprise chinoise en charge du projet, sans passer par l'emprunteur. Le chiffre de 50 % est cependant jugé surestimé par le FMI et les travaux menés par la China Africa Research Initiative (CARI). En plus, le rapport publié récemment par Aid Data considère que ces prêts pourraient être considérés comme « dette cachée » pour l'ensemble des prêts aux entreprises d'un pays bénéficiant d'une garantie explicite ou implicite de son gouvernement, même si les montants ne sont pas inscrits à son bilan.

En ce qui concerne les prêts souverains utilisés par la Chine, le Center for Global Development (2021) a analysé le contenu de 100 contrats de prêts de la Chine auprès de 24 pays, dont 84 % en provenance de l'EximBank of China et de la CDC. Le résultat montre que les prêteurs chinois utilisent des contrats standardisés, qui varient selon les institutions, sous les formes suivantes : contrats de prêt CDC ; contrats concessionnels EximBank of China et contrats de prêts non concessionnels EximBank of China.

En outre, *les policy banks* chinoises utilisent des termes de prêt proches des standards européens et américains, mais ils en introduisent également de nouveaux afin de maximiser leurs leviers commerciaux auprès des emprunteurs souverains et sécuriser leur remboursement. Cela inclut des clauses de confidentialité ou l'obligation de créer un compte bancaire dédié servant de garantie pour le remboursement (dans 30 % des contrats étudiés), sur lequel les revenus des projets doivent être déposés, hors du pays emprunteur et sous contrôle de la Chine, une clause rare chez les autres bailleurs.

En plus, les *policy banks* chinoises privilégient également les intérêts stratégiques chinois dans leurs contrats. Tous les contrats signés avec la CDC ou l'EximBank incluent une clause de *cross-default*, c'est-à-dire que la Chine peut stopper un prêt et demander son remboursement immédiat si le pays fait défaut auprès des autres bailleurs. Mais ce type de clause n'est employé que dans 10 % des prêts des autres bailleurs.

En plus, en cas de désaccord avec le pays partenaire, l'EximBank choisit de régler les différends devant un tribunal chinois (une pratique adoptée aussi par les autres bailleurs). Par contre, la CDC s'aligne presque sur les pratiques commerciales régies par les lois britanniques ou américaines. Ses activités se caractérisent par des clauses de nature plus politique. La moitié de ses contrats incluent une *cross-default clause* qui peut être déclenchée par des actions allant de l'expropriation d'entreprises chinoises à des actions « contraires aux intérêts de la Chine ou d'entités chinoises », nommément « *PRC entity* ». Tous les contrats de la CDC, analysés dans l'étude, comportent une clause impliquant la rupture des relations diplomatiques avec le pays emprunteur en cas de défaut de paiement, l'obligeant à un remboursement intégral et immédiat. À titre d'exemple, l'exploitation du port de Hambantota (Sri Lanka), a dû être cédée pour 99 ans par l'État sri lankais à la *China Merchants Port Holdings Company Limited* qui n'a payé que 1,12 milliard de dollars pour l'acquérir, à cause de l'incapacité du Sri Lanka à honorer son service de la dette auprès de la Chine. Cette situation a provoqué des craintes de saisie d'infrastructures dans l'opinion publique africaine. C'est le cas du Kenya où de nombreux médias ont relayé le risque de saisie du port de Mombassa. Cependant, il existe à ce jour peu d'exemples de mise en œuvre de ces clauses, qui conserveraient une fonction avant tout dissuasive (Trésor français, 2021).

Ces mécanismes, ainsi que l'utilisation de clauses de confidentialité et de clauses « Hors Club de Paris » qui limitent la restructuration de la dette, ressemblent davantage aux contrats des créanciers commerciaux ou du secteur privé qu'à ceux des créanciers publics. Il est important de noter que les clauses de confidentialité ne semblent pas l'emporter sur les lois nationales et les exigences en matière de contrôle parlementaire. Les contrats peuvent être rendus publics si le droit national le prévoit. Cela renforce la nécessité pour les gouvernements africains de développer et d'adhérer à des cadres institutionnels et juridiques solides qui définissent clairement le processus décisionnel légal et les exigences en matière d'emprunt (CABRI, 2021).

En bref, l'*Eximbank* opère par aide liée, cela signifie que les financements couvrent pour partie des coûts ayant une composante chinoise (maîtrise d'ouvrage, composant matériel du projet). Ainsi, pour les crédits exports, la part chinoise (c'est-à-dire réalisée par une entreprise détenue à 100 % par des capitaux chinois) doit représenter au minimum 50 % du matériel/équipements fournis ou 15 % dans le cas d'un projet de construction. De ce fait, les financements chinois sont presque systématiquement associés à des entreprises chinoises, leur permettant de gagner de nombreux marchés à l'International, en particulier dans les infrastructures (ports, routes, train…). Sur le volet des renégociations, la Chine se démarque également. Selon une étude du *Rhodium Group*, un quart des montants prêtés par la Chine (94 milliards de dollars ; dont 43 % par la CDC) ont fait l'objet de renégociation bilatérale avant la pandémie.

L'étude de ces renégociations permet de mettre en lumière certains aspects de la stratégie chinoise : pour les prêts à montant élevé, les annulations de dette et la saisie d'actifs restent peu probables, le rééchelonnement restant l'option privilégiée. Cependant, dans de nombreux cas, seul le principal de la dette est rééchelonné, les intérêts devant être honorés, ce qui entraîne une hausse du coût de la dette pour les pays concernés (Trésor français, 2020).

### 1.2 Comparaison avec les conditions d'autres bailleurs

Comparativement aux autres créanciers bilatéraux publics de l'OCDE (Organisation de coopération et de développement économiques), les prêts et les accords de prêt chinois semblent également avoir un caractère plus commercial. Ils comprennent des clauses d'usage courant pour gérer le risque de remboursement par le biais de mécanismes tels que les garanties, souvent via les revenus des exportations de matières premières ou d'autres formes de flux de revenus qui sont détenus dans des comptes de réserve spéciaux (Gelpern et al. 2021). Ce phénomène a été particulièrement marqué en Angola, par exemple, où environ 8 % des prêts chinois accordés à l'Afrique sont garantis par des ressources naturelles (Acker et Brautigam 2021).

En outre, la relation historique entre Afrique et Europe est bien plus ancienne que celles de la Chine. Cependant, les relations historiques de l'Afrique avec les pays européens remontent à la colonisation du continent africain. Durant ces dernières décennies, les relations entre l'UE et l'Afrique se sont davantage concentrées sur l'aide au développement et la coopération en matière de gouvernance, de développement durable, de commerce et de développement à travers divers accords de partenariat économique. À côté, les États-Unis ont lancé des initiatives comme l'African Growth and Opportunity Act pour fournir un accès en franchise de droits au marché américain pour certains produits africains.

Pour sa part, la Banque européenne d'investissement (BEI) est l'un des bailleurs de fonds le plus important dans le financement des pays africains. Elle adapte sa gamme d'instruments aux besoins de financement qui diffèrent d'un pays africain à l'autre, sur la base des discussions menées avec les partenaires locaux, des politiques de l'UE pour les régions concernées et de l'assistance technique apportée par la BEI au stade de la préparation des projets. Nombre de ses instruments reposent sur le « panachage de ressources », c'est-à-dire qu'ils comprennent un prêt de la BEI combiné à une aide non remboursable. Les aides non remboursables sont cruciales plus particulièrement dans les zones touchées par des conflits, les régions fragiles ou les situations où les investissements comportent un risque accru.

Les aides apportées par la BEI proviennent de l'Union européenne, de pays de l'UE ou d'autres parties. La BEI considère que le panachage de ressources crée une discipline financière et contribue au développement des compétences dans les pays cibles. Cette mobilisation d'aide non remboursable pour l'assistance technique ou de subventions à l'investissement en vue de les associer à nos prêts. Nous avons recours à un certain nombre de produits financiers et de structures de couverture des premières pertes pour réduire les risques réels et perçus et soutenir les entreprises privées qui peinent à obtenir des financements dans des situations fragiles (BEI, 2021).

Pour ce qui la concerne, l'Agence française de développement (AFD) qui fait partie des bailleurs bilatéraux s'attache au renforcement de la gouvernance du secteur bancaire en Afrique. Cependant, ses partenaires bancaires bénéficiant de ses financements sont tenus de se conformer aux standards internationaux en termes de lutte anti-blanchiment et contre le financement du terrorisme (LAB-FT). Elle contribue donc à la mise en place des procédures LAB-FT auprès de ses clients et leur fournit, si nécessaire, l'assistance technique. L'AFD se situe au deuxième rang, derrière les États-Unis, en termes de garanties accordées en couverture de prêts aux PME africaines. Les garanties ne sont pas déclarables en tant qu'aide publique au développement car elles ne constituent pas un apport financier.

Pour contrer la BRI (Belt and Road Initiative) de la Chine, les États-Unis ont stimulé leurs efforts dans le but de renforcer leur présence diplomatique et intensifié les liens commerciaux et d'investissement entre les États-Unis et l'Afrique. Ils ont également mis en œuvre des initiatives comme la *Young African Leaders Initiative* (YALI) pour nouer des relations avec les dirigeants africains et freiner l'influence des Instituts Confucius, dont le but est de promouvoir la langue et la culture chinoises. Les États-Unis s'inquiètent également d'un éventuel élargissement de la présence militaire chinoise sur le continent. Il faut noter que les États-Unis sont présents en Afrique à travers leur Commandement africain (AFRICOM), un facteur essentiel pour le renforcement des capacités et la lutte contre le terrorisme (Freitas, 2023).

## 2 Les conditions politiques

### 2.1 Principe de non-ingérence de la Chine

La chine adopte une attitude de non-ingérence dans sa relation avec les pays africains ; particulièrement, elle n'impose aucune condition. Selon in Morris (2008), le représentant spécial du gouvernement chinois, Liu Guijin, résumait ainsi la position chinoise dans les affaires africaines à travers ces propos : « Nous n'imposons aucune condition politique. Nous devons être conscients que l'environnement politique et économique n'est pas idéal, mais nous ne devons pas attendre que tout soit satisfaisant ou que les droits de l'homme soient parfaits ».

Mais ce principe comporte deux exceptions. Premièrement, la rupture des relations avec Taïwan qu'elle impose aux pays africains, une condition que ces pays sont obligés d'accepter, en raison du succès économique et de l'influence de la Chine durant ces dernières années. En plus, la Chine attend de sa coopération avec les pays africains, un soutien sur ses positions aux Nations unies, notamment un soutien contre l'octroi d'un siège au Japon au Conseil de sécurité ou pour élire son candidat à la direction d'un organisme des Nations unies (récemment l'Organisation mondiale de la santé). La deuxième exception porte sur la confidentialité qui doit entourer le montant de son assistance et les conditions de crédit, ce qui suppose que la Chine impose une clause de non-publication des données sur son aide. En dehors de cela, la Chine n'impose aucune condition pour son aide.

En plus, les opérateurs chinois ne prennent aussi aucun engagement en termes de responsabilité sociale et environnementale (RSE). Et cela entraîne des abus, tel que dans le cas du barrage de Merowe au Soudan. Non seulement ce barrage ne respecte pas les standards internationaux, mais aussi sa construction a causé le déplacement des habitants dans des terres éloignées inadéquates pour l'agriculture. Bien que l'administration chinoise reconnaisse ces abus, elle refuse, au nom de la non-ingérence, de prendre l'initiative d'imposer des clauses RSE. À cause de ces pratiques anormales, Joshua Cooper Ramo (2004) a confronté la position de Pékin et le consensus de Washington. Il a considéré que les deux poursuivaient les mêmes objectifs qu'ils déclinent dans un ordre différent. Pékin donne notamment la priorité à la stabilité et au développement, alors que Washington fait des réformes un préalable au développement et à la stabilité, ce qui donne une bonne image à l'aide chinoise en Afrique.

En outre, l'aide chinoise est souvent orientée vers des États qui résistent le plus aux réformes. Par exemple l'Angola, a bénéficié d'un prêt de 2 milliards de dollars alors qu'il était sommé de rendre des comptes sur la disparition de 4 milliards de dollars des caisses publiques. D'autre part, l'aide chinoise séduit beaucoup les États qui ont souffert de l'instabilité causée par une application trop mécanique des réformes élaborées au nom du consensus de Washington.

Ainsi, la Chine se trouve dans une position favorable. À titre d'exemple, la part des prêts de l'EximBank progresse dans son engagement. Ensuite, la banque est plus soucieuse de remboursement et reste sensible à la notion de risque-pays. Elle s'intéresse à l'environnement économique et, à défaut d'imposer des conditions, elle se montre plus attentive aux conditions d'endettement. Cette politique peut se traduire à long terme par une coordination avec les autres bailleurs (Chaponnière, 2008).

En somme, la position chinoise est loin de correspondre aux principes posés par les pays occidentaux, et parallèlement ils ne sont pas totalement respectés dans la pratique par les Africains. De ce fait, la retenue de la Chine vis-à-vis de la souveraineté des pays africains est un avantage pour les entreprises chinoises qui semblent plus proches de la pratique africaine. C'est ce qui explique qu'aux Nations Unies, la Chine défend généralement la position de grands pays africains (comme l'Afrique du Sud) et d'organisations africaines (en particulier l'Union africaine) sur les questions de gouvernance. Par exemple, le Zimbabwe n'a pas été sanctionné pour ses dérives démocratiques, à l'exception d'un embargo limité sur les armes, pour empêcher ses entreprises d'entretenir des relations commerciales ou d'investir dans le pays.

### 2.2 Exigence d'alliance ou soutien dans les instances internationales

La Chine exerce une influence grandissante sur les pays africains, à cause de considérations économiques, politiques ou diplomatiques. Ainsi, les pays africains ont joué un rôle décisif lors du débat de l'Assemblée générale des Nations unies en 1971 en lui apportant leur soutien au détriment de Taipeh. Sur les 76 votes obtenus à l'assemblée générale, les 26 viennent des pays africains, ce qui a permis à la Chine communiste de réintégrer l'ONU et d'en expulser Taïwan. C'est pourquoi

Mao Zedong affirmait que la Chine a une dette de gratitude envers l'Afrique pour avoir « porté la République populaire de Chine aux Nations unies », un point de discussion standard dans toutes les réunions du FOCAC.

En plus, la Chine a utilisé ses relations diplomatiques avec les pays africains pour isoler Taïwan à l'international. Actuellement, dans le continent africain, seul l'Eswatini reconnaît Taïwan. Et de leur côté, les leaders politiques africains expriment régulièrement leur désapprobation envers les relations diplomatiques ou les accords de coopération de haut niveau impliquant Taïwan. Cela peut s'expliquer par diverses raisons, y compris des pressions diplomatiques de la part de la République populaire de Chine, qui considère Taïwan comme une province rebelle et cherche à empêcher tout établissement de relations formelles avec elle.

Fondamentalement, les accords bilatéraux et régionaux de la Chine en Afrique comprennent toujours deux conditions essentielles : le « principe d'une seule Chine » et le soutien mutuel sur les questions de gouvernance mondiale. Ceux-ci sont énoncés dans divers protocoles d'accord entre l'UA et la Chine et, plus récemment, dans le plan d'action de Dakar du Forum de coopération Chine-Afrique (2022-2024). Ainsi, « le soutien mutuel dans le système de gouvernance mondiale » faisait partie du programme en quatre points du ministre chinois des Affaires étrangères, Qin Gang, lors de sa visite dans cinq pays africains en janvier 2023.

Les pays africains ont également apporté un soutien d'appui à la Chine au niveau des institutions multilatérales. En effet, en 2017, les membres de l'UA ont contribué à l'adoption de la toute première résolution de la Chine au CDH sur « la contribution du développement à la jouissance des droits humains ». Au bout du compte, cette résolution a été adoptée majoritairement avec 30 voix pour, 3 abstentions et 13 contre. Pour son adoption 11 pays africains ont voté « oui ». Cette résolution s'articule sur une version des droits humains centrée sur la « non-ingérence », le « dialogue tranquille » et le développement économique dirigé par l'État, comme interprétations alternatives des droits humains.

De plus, la Chine cherche à gagner les votes africains dans les institutions internationales telles que l'ONU, l'OMC, la BM et le FMI grâce à sa présence, mais aussi grâce au poids de ses investissements dans le continent africain. C'est sa stratégie pour devenir une puissance « discursive » mondiale, exercer une emprise sur les médias, les cultures et les politiques, tel que pratiqué par des nations comme les États-Unis ou l'URSS par le passé. Cela implique une influence stratégique et systémique. Ses acteurs ont su mettre en place des mécanismes qui leur permettent de contrôler la narration publique, d'orienter les valeurs culturelles et d'influencer les orientations politiques, assurant ainsi une domination dans plusieurs pays.

## 3 Les conditions économiques

### 3.1 Recours obligatoire à des entreprises chinoises

Dans le contexte de la coopération sino-africaine, les pays africains se trouvent contraints de privilégier les entreprises chinoises dans la réalisation des initiatives et projets. Cependant, le mécanisme par lequel la Chine contraint les pays africains à recevoir les entreprises chinoises est expliqué par Daniel Guérin (2008) qui révèle que, dans la phase du prêt, « les fonds ne sont pas directement prêtés au gouvernement africain, mais que le gouvernement chinois mandate une entreprise publique chinoise de construction – recevant généralement le soutien de l'EximBank (Banque chinoise d'investissement et d'import-export) – pour réaliser des projets d'infrastructures avec l'accord du gouvernement africain concerné. Ensuite, en contrepartie de la provision de ces infrastructures, le gouvernement africain accorde à des entreprises chinoises (privées la plupart du temps), le droit d'extraire des ressources naturelles (pétrole, minerais, etc.), à travers l'acquisition de parts dans une entreprise nationale et de licences. Le *package deal* s'accompagne aussi de dons consacrés à la construction d'écoles, d'hôpitaux, ou de bâtiments de prestige (palais présidentiels ou stades de football) par des entreprises chinoises ».

Par ailleurs, la pratique du financement d'accords préférentiels par la Chine et de l'engagement des entrepreneurs chinois dans le cadre d'une intégration verticale est largement adoptée et bien reçue. D'autres pays qui offrent ou étendent des accords préférentiels similaires lient également leur engagement au recours à leurs propres entrepreneurs nationaux. Dans ce cas, la construction des infrastructures est effectuée par les entrepreneurs chinois, mais l'utilisation de la main-d'œuvre africaine de base représente toujours en moyenne 50 % des emplois de l'ensemble des projets (Brautigam, 2010).

Chen et al. (2007), après avoir examiné les entreprises chinoises intervenant dans le secteur du BTP en Afrique, affirment que la réussite des entreprises chinoises dans ce domaine s'explique à la fois par la compétitivité-coûts, découlant d'un financement, d'une main-d'œuvre et de matériaux de construction bon marché, et par le soutien politique que leur apporte l'État chinois.

En plus, une étude de la Direction générale du Trésor et de la politique économique (DGPTE, 2007) soutient que les entreprises chinoises contrôlent désormais plus de la moitié du marché africain des grands travaux. Et, comme le montre l'enquête de Goldstein (2007), la proximité de ces entreprises chinoises avec les sites des projets réduit leurs frais d'approche. Par ailleurs, elles ne factureraient que l'amortissement de leurs équipements lourds stationnés en Afrique. Cela explique qu'elles puissent proposer des prix beaucoup moins élevés (le tiers en moyenne) que ceux de leurs concurrents. Dans ces conditions de compétitivité, le déliement de l'aide chinoise et son recours à des appels d'offres internationaux n'auraient sans doute que peu d'impact sur la position des entreprises chinoises dans les réponses aux appels d'offres.

### 3.2 Utilisation de main-d'œuvre chinoise

La présence de la main-d'œuvre chinoise en Afrique a suscité un énorme débat et de vives préoccupations dans le continent. Il est reproché à la Chine d'exporter de la main-d'œuvre en Afrique. Cette immigration chinoise est souvent perçue comme une invasion et une menace pour l'Afrique. Alden (2007) affirme que la Chine n'embauche pas de main-d'œuvre locale mais préfère importer des travailleurs chinois et ces travailleurs sont soumis aux conditions « des standards de travail très bas » (salaires, conditions de travail, sécurité sur les chantiers).

Les entreprises chinoises qui investissent en Afrique ne recrutent essentiellement que des travailleurs chinois. À titre d'exemple, au Ghana, l'entreprise Shanghai Construction Group, responsable du chantier du stade Takoradi, a employé 150 Chinois sur 230 ouvriers. En plus, le nombre de Chinois vivant et/ou travaillant au Ghana est passé de 500 en 2001, à 6 000 en 2004 (Mohan, 2008). En Angola, il y a 25 000 ouvriers chinois du bâtiment qui sont employés dans divers projets à travers le pays en 2011. Des cas similaires existent en Namibie, en Sierra Leone, au Soudan et dans beaucoup d'autres pays africains. Ce problème préoccupe les dirigeants africains, car ils attendent de ces investissements étrangers un emploi massif des citoyens nationaux, afin de réduire le niveau du chômage.

De 1980 à 2000, la migration chinoise en Afrique s'est développée à cause de l'expansion des activités chinoises dans le continent. Pendant cette période, deux phénomènes ont surgi. D'une part, la migration de la main-d'œuvre évolue en fonction de la pénétration des entreprises chinoises en Afrique. Mais une fois son contrat achevé, une partie de cette main-d'œuvre ne retourne pas en Chine, et va par conséquent gonfler les rangs de l'immigration illégale. D'autre part, il existe des migrations individuelles de petits entrepreneurs privés, généralement des commerçants, restaurateurs et gérants de centres de médecine tradition-nelle chinoise, etc. Une troisième vague de migration est surtout celle d'une migration économique qui est encouragée par l'État dans certains cas. D'un point de vue quantitatif, aucun chiffre fiable n'est disponible quant au nombre exact de ressortissants chinois vivant actuellement sur le continent africain. On estime que la diaspora chinoise en Afrique, en y incluant les descendants, pourrait atteindre quelque 500 000 individus, dont seulement 150 000 titulaires d'un passeport chinois (CEDAO-CSAO 2006). Plus récemment, l'agence de presse Xinhua a estimé à 750 000 le nombre de Chinois vivant et travaillant en Afrique (Mohan, 2008).

En outre, les migrants chinois en Afrique sont plus nombreux que l'ensemble des migrants français, anglais, américains et libanais. Au début, ils étaient considérés comme une main-d'œuvre dans les plantations, les mines et dans les chemins de fer, notamment dans les pays de l'Afrique de l'Est et du Sud. Ensuite, ces expatriés ont pris de manière progressive une part importante dans l'économie locale. En fait, ils investissent dans les petites unités de production, dans la restauration et dans le négoce. Une grande partie de cette diaspora chinoise continue d'arriver pour servir comme main-d'œuvre dans les grands projets d'infrastructures menés par les entreprises chinoises. De plus, ces migrants établissent des réseaux personnels de recrutement en organisant le départ de leurs proches ou de leurs familles depuis la Chine vers l'Afrique (Beuret et Michel, 2008).

En fin 2019, l'Afrique aurait employé 182 745 travailleurs chinois (une diminution de 10 % par rapport à l'année précédente) dont la répartition varie considérablement selon les pays. Les cinq pays tels que l'Algérie, l'Angola, le Nigéria, la Zambie et le Kenya mobilisent la moitié de cette main-d'œuvre. La situation peut être très instable d'une année à l'autre puisque les trois premiers pays en 2018 mobilisaient à eux seuls la moitié de cette main-d'œuvre : de 2018 à 2019, le nombre des seuls travailleurs chinois en Algérie a diminué d'environ 20 000, soit près de 10 % du total des travailleurs envoyés en Afrique. Douze pays sur les 54 que compte l'Afrique rassemblent les trois quarts de la main-d'œuvre chinoise employée en Afrique en 2019 (Thierry Pairault, 2020).

**Figure 29 : Répartition de la main-d'œuvre chinoise en Afrique (2019)**

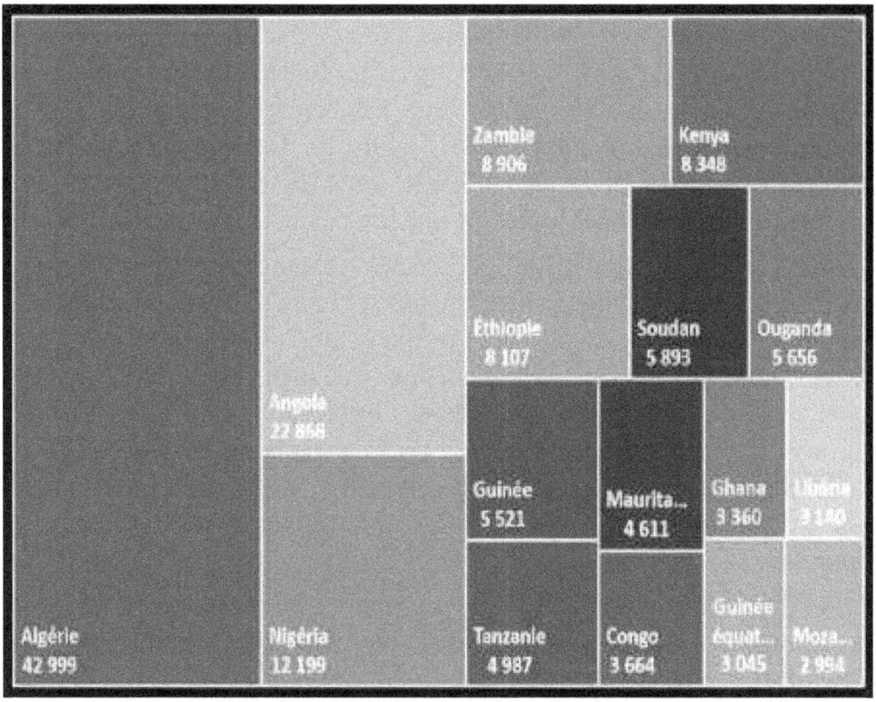


Source : Thierry Pairault, 2020

### 3.3 Contreparties en matières premières

La Chine a été active en fournissant une assistance au développement en Afrique, souvent liée à des accords qui impliquent l'exploitation des ressources naturelles. Selon Helmut Resen (2007), la Chine s'engage principalement dans les infrastructures d'extraction des ressources naturelles, de télécommunications et de transport. Les affaires étant souvent exploitées sur la base du troc, la transparence financière est difficile à établir. À titre d'exemple, on peut citer l'Angola où les fonds ne sont pas directement prêtés au pays bénéficiaire, mais le gouvernement chinois mandatera une entreprise de construction chinoise (qui reçoit généralement un crédit de soutien de China Eximbank) pour entreprendre les travaux de construction après l'approbation du pays bénéficiaire. Ensuite, en échange de l'emprunt d'infrastructure, le gouvernement donnera à une entreprise chinoise opérant dans le domaine des ressources naturelles (principalement dans le pétrole et les minéraux) le droit d'acquisition des participations dans une compagnie pétrolière nationale ou acquerra des licences d'exploitation ou de production.

Dans le cadre de la tolérance de la dette chinoise en Afrique, une préoccupation du « passager clandestin » est déplacée, pour une raison simple : la majorité des projets bénéficiant d'un financement chinois pour des projets d'infrastructures en Afrique sont entrepris dans des pays riches en ressources, non PPTE. Au cours de la décennie actuelle, l'Angola, le Nigeria et le Soudan ont reçu la majeure partie des engagements financiers confirmés de la Chine dans les infrastructures.

L'exemple le plus saillant sur l'accord des ressources naturelles contre infrastructures est celui signé entre la Chine et la RDC. Ces négociations portaient sur une valeur de plusieurs milliards de dollars et concernaient des exportations de cuivre et de cobalt, ainsi que le droit futur d'explorer, d'extraire et de développer ces ressources minières. Le FMI craignait à ce moment que la dette de la RDC soit plus élevée et qu'ensuite elle soit dans l'incapacité de rembourser son emprunt et de servir l'intérêt aux bailleurs du Club de Paris, entraînant donc la réduction de la valeur du prêt nominal (ENDA CACID, 2012).

Selon Sindjoun, un universitaire camerounais, « les prêts accordés par la Chine aux pays africains au cours de la dernière décennie sont adossés aux ressources telles que le pétrole, le gaz et les mines. Une grande partie des prêts ne sont pas transparents sur les conditions et les garanties. Les emprunteurs, les prêteurs, les institutions financières internationales (IFI) et les acteurs de la société civile gagneraient à convenir de règles de prudence et de recevabilité, en faisant la lumière sur les coûts et les avantages pour le pays emprunteur. Si l'influence chinoise reste forte et positive aux yeux des citoyens africains, elle l'est dans une moindre mesure qu'il y a cinq ans. Cette baisse de popularité pourrait également être liée à la perception autour des prêts et de l'aide financière, au manque de transparence, aux discours autour du "piège de la dette" et aux allégations de mainmise sur les ressources africaines par la Chine ». L'aide au développement chinoise en Afrique est souvent liée à l'exploitation des matières premières. Bien que cela puisse présenter des avantages économiques, il est essentiel de gérer ces accords de manière transparente et équitable, en veillant à ce qu'elle contribue réellement au développement durable des pays africains.

## Section 4 : La gouvernance des projets d'infrastructures financés par la Chine

La gouvernance des projets d'infrastructures financés par la Chine en Afrique a suscité un intérêt particulier à cause de l'ampleur des investissements et de l'impact potentiel sur le développement économique des pays bénéficiaires. Cette gouvernance s'étend sur l'ensemble du cycle de vie du projet, de la sélection initiale à la pérennisation des infrastructures, et implique divers acteurs locaux et internationaux.

### 1 Le processus de sélection des projets (critères techniques, financiers, stratégiques)

Il est à rappeler que la Chine n'impose pas de conditions en matière de gouvernance ou de droits de l'homme pour le financement des projets à l'étranger, y compris en Afrique. Car, elle considère cette politique de l'ingérence dans les affaires internes des pays inopportune. Ensuite, elle n'est pas membre de l'OCDE, par conséquent elle n'est pas signataire de la Convention de l'OCDE sur la lutte contre la corruption ; néanmoins, elle a ratifié la Convention des Nations Unies sur la lutte contre la corruption, qui appelle à des réformes analogues (Bräutigam, 2009).

Cependant, les projets d'aide chinois gérés par le ministère chinois du Commerce sont octroyés à travers des procédures d'appels d'offres pour sélectionner les entreprises chinoises. Par contre les prêts concessionnels accordés par la China Eximbank sont octroyés par un mode d'attribution différent, car, ils fonctionnent soit comme des lignes de crédit, soit comme des financements accordés à un projet unique, généralement proposé par une entreprise chinoise.

Le prêt de 58 millions de dollars accordé au Zimbabwe et transitant par une entreprise appelée Farmer's World en est un exemple illustratif du premier cas. Les responsables de l'entreprise étaient obligés de se rendre en Chine pour choisir les équipements et machines agricoles qui doivent être importés dans le cadre du prêt. En plus, tous les versements sont allés de la banque chinoise aux exportateurs chinois.

Ensuite, le projet de télécommunication en zone rurale proposé par une entreprise chinoise à la Sierra Leone et financé par un prêt concessionnel au titre de l'aide illustre le second cas. Si Farmer's World a pu comparer les produits qu'elle achetait en Chine, le projet en Sierra Leone par contre comportait le risque de ne pas obtenir le meilleur rapport qualité/prix car il n'avait pas recouru à une procédure d'appel d'offres. Or, la Chine n'opère pas des transferts d'argent dans ses prêts et son aide sous forme de dons fait rarement en espèces. Par conséquent, garder l'argent en Chine pour rémunérer les entreprises chinoises et leurs sous-traitants agréés par le pays emprunteur empêche les détournements de fonds de grande ampleur, malgré l'existence des pots-de-vin.

En ce qui concerne le non-respect des droits de l'homme et de la démocratie dans certains pays tels que le Soudan et le Zimbabwe, la Chine affirme de manière générale que lorsqu'un pays se développe, les normes, les droits et les règles se créent automatiquement en place. La Chine considère aussi que « les normes doivent être édictées par les Africains et non imposées par des étrangers » (Liu Guijin in Wissenbach, 2007).

## 2 La mise en œuvre des projets

### 2.1 Rôle des entreprises chinoises

Le rôle des entreprises chinoises en Afrique est significatif et diversifié. Elles sont presque dans tous les secteurs rentables, surtout dans l'exploitation des ressources naturelles, dans la construction des infrastructures modernes, dans la télécommunication et dans le secteur bancaire.

Dans le secteur de la finance et de l'énergie, le China Petrochemical Corporation (Sinopec) reste le plus grand investisseur en actions africaines. Cette société, spécialisée dans l'exploitation pétrolière et gazière, a été créée en 1998 et occupe la deuxième place en matière de production en Chine[42]. Elle s'est impliquée en fonds propres d'investissements en Afrique qui étaient estimés à près de 15 milliards de dollars en 2018. Ses projets couvrent le Nigéria, l'Égypte, l'Afrique du Sud et l'Angola, avec près de 8,3 milliards de dollars au Nigéria (bien que le plus important d'entre eux ait été un projet associé avec China Energy Engineering and Power Construction Corp)[43]. La société a récemment investi pour l'achat de Chevron en Afrique du Sud en 2018 pour 900 millions de dollars ; en contrepartie, la société devait construire une raffinerie dans la province du Cap occidental pour une valeur de 500 millions de dollars.[44]

China Dreal International Group (Dreal Group) est une société de promotion et d'investissement immobilier. Les projets de ses inves-

---

[42] Sinopec. À propos de Sinopec Corp. http://www.sinopec.com/listco/en/about_sinopec/.

[43] https://www.aei.org/chinaglobal-investment-tracker/

[44] https://www.reuters.com/article/us-chevron-m-a-sinopec-corp-idUSKCN1GL0TX.

tissements ont été orientés vers le secteur des mines, la construction et la finance. Elle effectue principalement en Afrique ses investissements à l'extérieur de la Chine. Elle a investi une valeur de près de 3,8 milliards de dollars principalement dans des projets immobiliers dans des pays comme la Guinée et l'Angola, ce qui a fait d'elle la troisième plus grande société chinoise détentrice d'actions en Afrique[45]. Investissant des sommes colossales, elle privilégie les lotissements résidentiels de luxe et la construction d'immeubles commerciaux et de bureaux à usage mixte.

Les investissements les plus importants du China Dreal International Group ont été faits dans un grand projet de restructuration urbaine à Conakry (Guinée) et pour l'acquisition d'une participation de 70 % dans la société de construction Mar Grandioso Real Estate and Construction Group en Angola. En ce qui concerne ses projets à Conakry, ils ont débuté en 2014 avec la construction des résidences de luxe de Diamond Plaza, en partenariat avec les développeurs de la China Railway Construction Co. Ltd et Shanghai Construction Group. La société Dreal Group a été responsable aussi d'une refonte radicale de la ville de Conakry, de la relocalisation des bâtiments gouver-nementaux, du centre financier et centres de loisirs et la création de quartiers résidentiels haut de gamme dans un projet appelé le projet de nouvelle ville de Conakry. Le gouvernement guinéen s'est impliqué dans l'exécution de cet énorme projet qu'il a approuvé le projet et qui a mobilisé une somme globale de 2 milliards de dollars[46].

China Railway Construction Corp. Ltd. (CRCC) est une entreprise publique de construction chinoise, elle est créée en 2007 et fait partie des plus grandes entreprises d'ingénieries dans le monde. Ses activités concernent les secteurs du transport, la logistique, l'immobilier et l'industrie manufacturière. Elle est considérée comme le plus grand développeur chinois en Afrique à travers des contrats dans tous les secteurs depuis 2007, avec un montant estimé à 46,9 milliards de dollars. Les projets de la CRCC sur le continent africain sont, dans le transport, évalués à plus d'un milliard de dollars pour chaque investis-sement. Ses investissements dans le logement et l'immobilier sont également significatifs pour une somme estimée à 2,08 milliards de dollars de contrats, ce qui fait que la société est placée comme le cinquième plus grand promoteur immobilier chinois dans le continent africain. La répartition de la valeur de son portefeuille dans l'immobilier entre les

---

[45] https://www.aei.org/chinaglobal-investment-tracker/

[46] http://bit.ly/DREALGroup

marchés abordables et les marchés de luxe provient majoritairement des projets au Zimbabwe avec une petite partie (environ 150 millions de dollars) au Rwanda.[47]

La Compagnie de Construction et de Communications de Chine (CCCC), créée en 2006, est une entreprise publique de construction. Ses activités sont orientées principalement vers la construction d'infrastructures de transport. La CCCC est le deuxième plus grand développeur chinois en Afrique, avec des montants estimés au moins de 37,4 milliards de dollars de contrats de développement, essentiellement dans les infrastructures du transport comme les autoroutes et les ponts. Elle a une faible participation dans le secteur de l'immobilier. C'est pourquoi, selon l'AEI (Institut des Entreprises américaines) les contrats de construction immobilière au Cameroun de CCCC ne chiffrent qu'à 120 millions de dollars. La CCCC n'est pas uniquement un développeur mais elle est aussi un grand investisseur dans le domaine des infrastructures. Dans la liste des 50 investisseurs dans les infrastructures de Private Equity International, la CCCC est classée au 45e rang sur le plan mondial.

China National Machinery Industry Corp. (Sinomach) est créée en 1997. Cette société appartenant à l'État chinois est présente dans plus de 170 pays dans le monde. Son activité principale est axée sur le secteur de la machinerie lourde, comme la construction et l'équipement agricole. Mais elle s'investit beaucoup dans le développement des infrastructures. Ses contrats en Afrique ont pour objet le secteur de l'énergie, l'agriculture et le transport. Ses contrats ont une valeur financière de 1,7 milliard de dollars. Elle intervient également dans le logement avec une participation faible par rapport aux autres secteurs (contrat d'une valeur de 420 millions de dollars pour la construction de plus de 4000 logements pour les militaires en Zambie[48]).

Les sociétés chinoises comme Huawei, Holley, Jiangsu Yongyuan, King Deer et China-Africa Cotton, sont parmi les plus importantes qui opèrent en Afrique. Alors que les données 2019 montrent une prépondérance des investissements dans le secteur minier (25 % des flux), l'Afrique Subsaharienne attire aussi pour son potentiel de production de biens de consommation, en particulier dans le secteur des télécommunications et du textile : l'entreprise chinoise Transsion Holding a ainsi établi plusieurs unités de production en Éthiopie.

[47] Institut des Entreprises Américaines. Suivi des Investissements Global de la Chine, 2005-2018.

[48] https://allafrica.com/stories/201103310681.html

Redouan Najah (2021) soutient que la portée de l'initiative de la Ceinture et de la route mise en place par la Chine s'étend à des pays comme le Kenya, Djibouti, Égypte, Éthiopie, Tanzanie, etc[49]. Elle a été et reste l'acteur indispensable dans le développement des Infrastructures africaines, finançant ainsi la construction de milliers de kilomètres de voies ferrées et routes ainsi que des ports, des aéroports et des centrales électriques, comme le montre le graphique ci-dessous. Pékin va continuer à soutenir notamment les installations des télécommunications, de l'énergie et des transports.

**Figure 30 : Projets financés et réalisés par la Chine en Afrique**

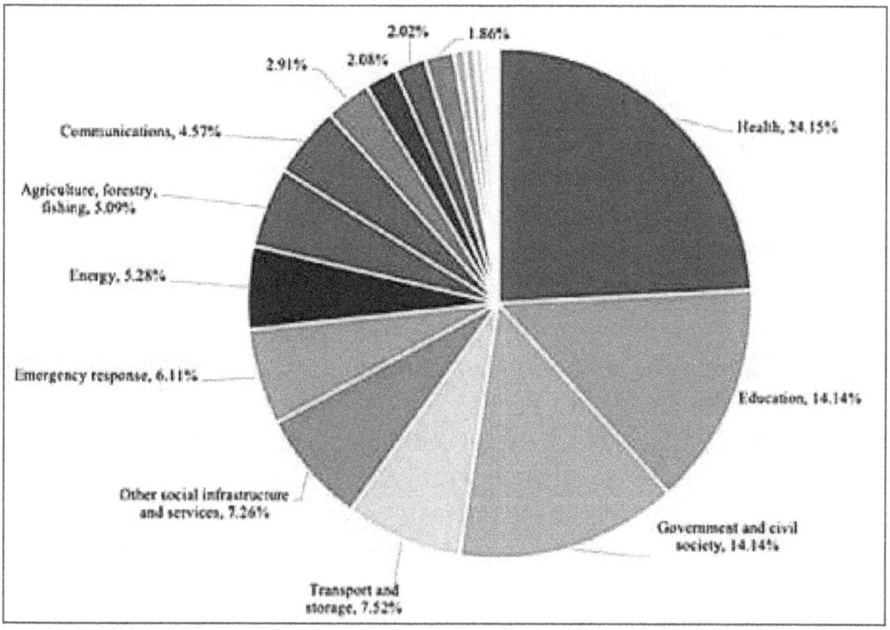


Source : https://www.bu.edu/gdp/2021/10/27/ africa-and-china-development-cooperation-for -structural-transformation

[49] https://www.africanews.com/2021/09/06/china-to-import-moreafrican-agricultural-products/

## 2.2 Implication des acteurs locaux

Malgré la performance des investissements chinois en termes de coûts et de mise en œuvre, leur effet sur le développement reste moins significatif. Pour rendre cet impact significatif, certains pays africains ont encouragé le recours aux fournisseurs locaux, c'est-à-dire qu'ils ont développé une stratégie pour que les entreprises emploient davantage de main-d'œuvre africaine et sous-traitent en partie les projets avec des prestataires africains. En plus, les gouvernements africains ont renforcé les critères relatifs au contenu local pour les investissements étrangers. Ainsi, le Nigéria a récemment relevé ses exigences en matière de participation des entreprises locales aux contrats pétroliers.

À cause de la nature stratégique des investissements chinois en Afrique, notamment les ports, les voies de chemin de fer, les oléoducs et gazoducs et les centrales électriques, qui ont suscité chez la population locale un sentiment de révolte et de mépris à l'encontre des intérêts chinois, certains gouvernements africains ont considéré les agressions contre les intérêts de la Chine comme une menace pour leur propre sécurité nationale.

C'est pourquoi, un plan d'action conjoint entre la Chine et l'Afrique a été signé par des dirigeants africains en 2018, qui stipule que la sécurité des « grands projets économiques nationaux » et la « sécurité des ressortissants chinois, des entreprises chinoises et des grands projets » seront traitées en priorité dans le cadre de la coopération militaire, policière et liée au renseignement. En 2019, l'Ouganda est devenu le premier pays africain à mettre en œuvre des mesures militaires protégeant les intérêts de la Chine en réponse à des agressions contre des ressortissants chinois par des habitants du pays. Au Kenya voisin, les services de sécurité de la Chine ont constitué et formé une division d'élite de la police pour protéger la voie de chemin de fer qui relie Mombasa à Nairobi (Paul Nantulya, 2019).

D'autre part, pour permettre à la population locale, y compris les entreprises locales, de bénéficier de ces investissements directs étrangers, certains pays africains ont mis en place une politique destinée à tirer parti des effets positifs des investissements étrangers (y compris ceux venant de Chine). Pour leur part, la Tanzanie encourage les projets qui obtiennent un financement extérieur à faire appel à de la main-d'œuvre locale, l'Angola impose d'utiliser des matériaux de construction locaux et le Sénégal incite les investisseurs à s'associer avec des entreprises locales pour répondre à des appels d'offres.

En Éthiopie, les exportations chinoises de textile et de chaussures ont provoqué la baisse du revenu, des actifs et des biens immobiliers des petits producteurs locaux, et en ont conduit beaucoup à se tourner vers le secteur informel. Par conséquent, les entreprises éthiopiennes de taille moyenne ont cherché à améliorer la conception, la qualité et le délai de livraison de leurs produits, ainsi qu'à investir dans de nouvelles machines, dans le cadre d'une stratégie visant à lutter contre la concurrence chinoise.

À cause de la mauvaise qualité de certains produits chinois, comme les chaussures, les couvertures, les jouets et les produits en plastique, le gouvernement a mis en place une commission conjointe sur le contrôle de la qualité des produits, qui en vérifie la qualité avant leur importation en Éthiopie. Le gouvernement éthiopien cherche à protéger les industries locales, et a dressé la liste des domaines d'investissement exclusivement réservés aux investisseurs du pays. Il s'agit de l'exportation de café vert, de qat, d'oléagineux, de légumineuses à grains, de cuirs et peaux ; des broyeurs ; des produits de la scierie et du bois d'œuvre, ainsi que de l'imprimerie (Chris Alden, SAIIA).

Les entreprises chinoises ont favorisé la mise en place d'une industrie locale dans certains pays africains. « Les investissements chinois contribuent à la création de capacités locales, facilitent le transfert de technologie et entraînent une augmentation des niveaux d'exportation en direction de plusieurs pays africains. Ainsi, au Zimbabwe, qui exportait surtout du tabac, les investisseurs chinois ont permis aux entreprises locales de se lancer dans la transformation du tabac en cigarettes et d'exporter ces produits finis à plus forte valeur ajoutée. Avec elles, ils ont également créé des coentreprises afin d'implanter une grande cimenterie à Gweru, destinée à répondre à la demande nationale » (Besada *et al.*, 2008).

Selon Ajakaiye *et al.* (2009), pour que les investissements chinois soient plus impactants dans les industries locales, il faudrait encourager la formation d'effets de polarisation en amont et en aval pour les entreprises africaines. De plus, certains travaux ont montré que l'IDE et le commerce chinois en Afrique sont complémentaires (Mo et Liu, 2008).

## 3 L'évaluation ex-post des projets

### 3.1 Mesure des résultats et impacts

En 2009, la Chine est devenue le plus grand partenaire commercial de l'Afrique avec un volume commercial en croissance continue. La demande chinoise de matières premières (pétrole, minéraux et produits agricoles) a contribué significativement à l'expansion des échanges, à la création d'emplois et à la croissance économique dans certains pays africains. Malgré les critiques contre l'exploitation de ces entreprises accusées de dégrader l'environnement et d'épuiser les ressources, les investissements chinois se sont révélés plus positifs que négatifs en termes de résultats sur le continent. Les entreprises chinoises ont investi dans les activités minières, notamment dans le cuivre, le cobalt, l'or et le minerai de fer, notamment au Congo, en Zambie et en Afrique du Sud.

Mais, un rapport récent de plus de deux cents pages, publié par le Réseau d'études africain sur le travail à l'initiative de syndicats régionaux, présente une perspective décourageante sur les conditions et les relations de travail dans les entreprises chinoises opérant dans une dizaine de pays du continent. De nombreux problèmes ont été soulevés : des rémunérations insignifiantes, des journées de travail trop longues, éreintantes et non entrecoupées de pauses, la généralisation des contrats temporaires, voire l'absence de contrat, des conditions de logement déplorables pour les travailleurs, le non-respect des standards minima de sécurité, l'hostilité envers les syndicats, la multiplication des menaces et des pressions sur les ouvriers, des mesures de coercition, la rétention des paies, le maintien des travailleurs africains dans des postes subalternes et sous-rémunérés, etc.

De plus, les pays africains sont inquiétés par la concurrence chinoise avec les firmes locales, plus particulièrement dans les secteurs de la confection, du textile et du mobilier (Zhibiao, 2007). Les pays comme le Lesotho, le Swaziland, Madagascar, le Kenya, l'Afrique du Sud et le Ghana ont été gravement touchés dans ces secteurs par les entreprises chinoises. Kaplinsky (2007) souligne que la destruction d'emplois y a été massive, avec un impact très significatif sur la pauvreté.

La confection et le textile sud-africains ont été affectés négativement par les importations chinoises suite à la suppression de l'Accord multifibres en janvier 2005. C'est pour cette raison que le gouvernement sud-africain a décidé, en 2006, de rétablir des quotas sur trente et une catégories de vêtements et textiles en provenance de Chine, afin de permettre à l'industrie locale de se restructurer et de mieux se préparer à faire face à la concurrence chinoise. L'Afrique du Sud accuse également la Chine d'inonder les marchés africains de produits fortement subventionnés qui impactent négativement certaines industries africaines.

Pour répondre à ces critiques à son égard, le gouvernement chinois a décidé d'octroyer d'une série de concessions commerciales à un certain nombre de pays africains. Les vingt-cinq pays africains les moins développés bénéficient d'exemptions de droits ou de droits préférentiels sur 190 produits d'exportation (qui représentent 90 % des exportations) vers la Chine.

Il faut noter cependant que la disponibilité de produits chinois bon marché a facilité l'accès des plus pauvres à toute une gamme de biens de consommation autrefois inaccessibles. Cette concurrence chinoise aurait également obligé les fabricants africains à améliorer leurs rendements et la qualité de leurs produits.

### 3.2 Pérennisation des infrastructures

Selon certains, les projets de construction des entreprises chinoises sont de qualité inférieure à ceux des travaux d'autres constructeurs en Afrique. On a constaté que cela était vrai dans des pays (comme la Sierra Leone) où des codes et réglementations en matière de construction ne sont, ni mis en place, ni appliqués. Mais dans des pays où cela n'est pas le cas, les travaux entrepris par les Chinois sont de grande qualité et répondent à des normes élevées.

Dans l'ensemble, les autorités africaines estiment que les investissements et les travaux d'ingénierie menés par les entreprises chinoises dans le domaine des infrastructures en Afrique ont apporté des bénéfices tangibles aux pays africains en termes de contrôle des coûts, d'efficacité de gestion, de rapidité et de qualité et sont devenus un moteur de la croissance économique. L'enquête de McKinsey a également révélé que les investissements chinois dans les infrastructures en Afrique constituent l'aspect le plus satisfaisant pour les habitants de l'Afrique. En ce qui concerne la pertinence des investissements chinois en Afrique, l'ancien Président sénégalais Abdoulaye WADE a déclaré que la Chine a aidé les nations africaines à construire des projets d'infrastructure en un temps record[50].

En plus il y a eu une évolution positive de l'investissement unilatéral à la coopération bilatérale. Lors des premiers investissements en Afrique, les entreprises privées ont négligé la coopération avec les entreprises locales africaines et ont eu donc du mal à s'intégrer dans les réseaux économiques régionaux d'Afrique. Ces dernières années, le modèle d'alliance stratégique bilatérale entre les entreprises privées chinoises et les entreprises locales africaines a commencé à émerger. Cette approche

[50] Abdoulaye Wade, « Time for the West to Practice What It Preaches », Financial Times, January 24, 2008.

peut, d'une part, aider les entreprises chinoises à vite s'adapter à un environnement d'investissement peu familier en Afrique en bénéficiant de l'assistance locale en matière d'informations du marché, de personnel et d'installations de soutien à la chaîne industrielle, et, d'autre part, promouvoir efficacement les progrès technologiques et le renforcement des capacités des entreprises locales africaines.

Restreints par certains facteurs (dont la médiocrité des installations industrielles auxiliaires en Afrique), les premiers investissements des entreprises privées en Afrique étaient principalement concentrés dans les secteurs en bas de la chaîne de valeur tels que l'approvisionnement en matières premières, l'assemblage et la transformation des produits. Avec le développement des installations industrielles d'appoint et des infrastructures dans les pays africains, certaines entreprises privées chinoises ont commencé à étendre leurs activités de fabrication en sous-traitance vers les maillons supérieurs de la chaîne de valeur en se penchant sur le transfert de technologie, la recherche et le développement, la commercialisation et la logistique. Ces dernières années, en s'appuyant sur les clusters industriels formés dans des parcs économiques et commerciaux, la proportion d'entreprises privées chinoises achetant des matières premières et des pièces détachées en Afrique a également augmenté.

Au début, les entreprises privées investissaient principalement dans des domaines traditionnels comme le textile et l'habillement, les chaussures, les accessoires et la restauration, du fait que la Chine possédait des avantages traditionnels et des expériences de développement dans ces industries. Avec le développement de l'économie africaine et l'optimisation de la coopération industrielle sino-africaine, les investissements des entreprises privées chinoises en Afrique se sont progressivement déplacés vers des domaines émergents tels que les services modernes, le développement de nouvelles énergies, la fabrication écologique ainsi que l'information et la communication. Par exemple, Star Times a créé des entreprises dans plus de 30 pays africains, dont le Nigéria et le Rwanda, afin d'étendre le marché africain de la télévision numérique. Ces dernières années, l'expansion rapide de l'économie numérique en Afrique a poussé les entreprises privées chinoises à investir dans des domaines connexes (China-Africa Business Council, 2021).

# CHAPITRE 4

# ANALYSE ÉCONOMIQUE DE L'IMPACT DU FINANCEMENT CHINOIS SUR L'ÉCONOMIE DES PAYS DE LA ZONE CEDEAO ET RECOMMANDATIONS

Le recours à l'économétrie dans le cadre de ce type d'études aiguillonne la prise de décision à travers un modèle bien spécifié. Cela se fait à travers une démarche logique passant par la description des données, la recherche de relation entre les variables et l'estimation de la variable d'intérêt par rapport aux autres variables dites d'intérêt et explicatives.

Dans le cadre de ce travail, certains éléments de calcul, qui pourraient se révéler fastidieux pour certains lecteurs, sont joints à l'annexe 2 puisque ce qui importe, pour beaucoup, c'est d'abord d'apprécier les résultats atteints. En tout état de cause, l'approche développée permet d'éviter certains problèmes de mesure conduisant à des résultats biaisés, autrement dit, qui ne reflètent pas la réalité. Cela amène ainsi à produire des résultats probants pour une prise de décisions fiable et efficace.

Le choix du modèle s'explique non seulement par le fait qu'il capte les dynamiques (impacts) de long terme et de court terme, mais aussi et surtout qu'il est capable de mesurer le retournement du phénomène ou la force de rappel après un choc. Les données utilisées dans les estimations proviennent de plusieurs sources, principalement, la Banque Mondiale, la BAD et la China-Africa research initiative.

## Section 1 : Résultats : statistiques descriptives, corrélation et estimations

### 1. Statistiques descriptives des variables

Dans cette partie les variables sont décrites selon leurs caractéristiques de tendance centrale (Moyenne, Min, Max, etc.) et leurs caractéristiques de dispersion (Variance et Écart type).

**Figure 31 : Évolution du financement chinois dans les pays africains en fonction des années**

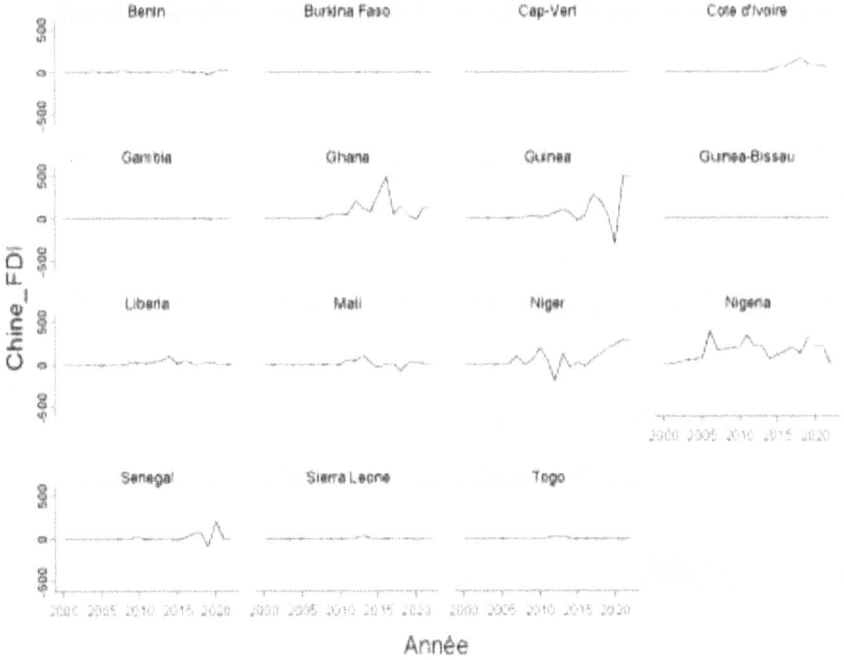


D'après la figure 31, on constate que les pays n'ont pas la même tendance par rapport au flux d'investissement chinois au fil des années. D'une part, certains pays comme Bénin, Burkina Faso, Cap-Vert, Gambie, Guinée-Bissau, Sierra Leone et Togo montrent une constance des flux chinois. Tandis que, de l'autre part, Ghana, Guinée, Niger, Nigeria et Sénégal affichent des flux d'investissement chinois dynamiques.

Par rapport aux résultats du tableau 3, nous remarquons que toutes les variables sont presque stables dans le temps car les volatilités, représentées par les écarts types, sont faibles. À titre d'exemple, on a un PIBH (0,661), un CHNFDIf (0,486) et un CHFNDIs (1,68) qui sont moins volatiles.

**Tableau N° 7 : Description des variables**

| Variable | Obs | Mean | Std. Dev. | Min | Max |
|---|---|---|---|---|---|
| LPIBH | 345 | 6.609 | 0.661 | 4.932 | 8.231 |
| CHNFDIf | 345 | 0.171 | 0.486 | -2.082 | 3.044 |
| CHNFDIs | 345 | 1.107 | 1.68 | 0 | 10.277 |
| IDESIC | 345 | 3.239 | 3.394 | -2.558 | 19.002 |
| INVEST | 345 | 21.044 | 7.997 | 1.097 | 52.67 |
| EPARG | 345 | 9.493 | 22.962 | -141.974 | 50.65 |
| OUV | 345 | 64.689 | 24.064 | 16.352 | 136.969 |
| ERMECH | 345 | 100.51 | 26.278 | 18.698 | 223.118 |
| INFL | 345 | 6.348 | 10.626 | -7.594 | 100.658 |
| IDH | 345 | 0.464 | 0.083 | .262 | 0.676 |
| IQG | 345 | 0 | 1 | -2.033 | 2.531 |
| INFRAS | 345 | 4.336 | 4.415 | 0 | 22.895 |
| IDE | 345 | 3.41 | 3.332 | -2.545 | 19.002 |
| Transport | 345 | 5.651 | 6.049 | 0 | 28.428 |
| Énergie | 345 | 2.011 | 2.812 | 0 | 15.561 |
| TIC | 345 | 5.347 | 6.993 | 0 | 28.023 |

**Note** : Obs= nombre d'observation ; Mean = moyenne arithmétique des variables ; Std. Dev= Ecart de la variable ; Min = valeur minimale ; Max = Valeur maximale dans la série.

### 1.1. Analyse de relation des variables : une corrélation bivariée

Le calcul de la corrélation entre les variables prises deux à deux nous indique s'il existe ou non un lien entre les variables croisées, avec quelle fréquence et dans quel sens ces variables évoluent, si évidemment le lien existe. Le seuil choisi est de 5 %.

Ici tous les coefficients significatifs au seuil de 10 % sont marqués d'une étoile (voir annexe 3). Dans l'ensemble, toutes les grandeurs économiques sont statistiquement liées au seuil de 10 %.

Quant à la variable d'intérêt dépendante, elle est presque liée positivement à toutes les autres variables. Ainsi, on constate que le PIB par habitant est positivement corrélé avec l'indice d'infrastructure et les sous-indices d'infrastructure. Cela veut dire que l'investissement dans l'infrastructure entraîne une amélioration du PIB par habitant. Par contre l'inflation et l'IDE, tous investissements confondus, sont des facteurs qui pénalisent l'évolution du PIB par habitant.

## Tableau N° 8 : Mesure de relation entre les variables 2 à 2, une corrélation linéaire

| Variables | LPIBH | CHNFDIf | CHNFDIs | IDESIC | INVEST | EPARG | OUV | TERMECH | INFL | IDH | IQG | INFRAS | IDE | Transport | Energie | TIC |
|---|---|---|---|---|---|---|---|---|---|---|---|---|---|---|---|---|
| LPIBH | 1.000 | | | | | | | | | | | | | | | |
| CHNFDIf | -0.022 | 1.000 | | | | | | | | | | | | | | |
| CHNFDIs | 0.018 | 0.464* | 1.000 | | | | | | | | | | | | | |
| IDESIC | -0.068 | -0.198* | -0.142* | 1.000 | | | | | | | | | | | | |
| INVEST | 0.439* | 0.074 | 0.087 | 0.042 | 1.000 | | | | | | | | | | | |
| EPARG | 0.367* | -0.176* | 0.056 | -0.029 | 0.319* | 1.000 | | | | | | | | | | |
| OUV | 0.117* | 0.210* | -0.016 | 0.099 | 0.316* | -0.383* | 1.000 | | | | | | | | | |
| TERMECH | 0.197* | 0.103 | 0.141* | 0.121* | -0.048 | 0.008 | -0.034 | 1.000 | | | | | | | | |
| INFL | -0.028 | 0.011 | -0.066 | 0.086 | -0.034 | -0.062 | 0.081 | 0.035 | 1.000 | | | | | | | |
| IDH | 0.787* | -0.053 | -0.020 | 0.043 | 0.383* | 0.182* | 0.35* | 0.049 | 0.030 | 1.000 | | | | | | |
| IQG | 0.492* | -0.115* | -0.199* | 0.132* | 0.423* | 0.352* | 0.20* | -0.142* | -0.061 | 0.474* | 1.000 | | | | | |
| INFRAS | 0.651* | -0.009 | 0.119* | 0.004 | 0.333* | 0.248* | 0.17* | 0.101 | -0.072 | 0.684* | 0.45* | 1.000 | | | | |
| IDE | -0.072 | -0.056 | -0.077 | 0.990* | 0.053 | -0.055 | 0.13* | 0.139* | 0.089 | 0.036 | 0.11* | 0.003 | 1.000 | | | |
| Transport | 0.588* | -0.082 | -0.054 | 0.027 | 0.317* | 0.196* | 0.28* | 0.043 | -0.066 | 0.602* | 0.47* | 0.827* | 0.015 | 1.000 | | |
| Energie | 0.636* | -0.072 | -0.047 | 0.108* | 0.314* | 0.227* | 0.15* | 0.050 | -0.006 | 0.671* | 0.49* | 0.868* | 0.099 | 0.767* | 1.000 | |
| TIC | 0.469* | 0.083 | 0.291* | -0.059 | 0.230* | 0.208* | 0.016 | 0.134* | -0.077 | 0.505* | 0.25* | 0.830* | -0.048 | 0.392* | 0.579* | 1.000 |

*** $p<0.01$, ** $p<0.05$, * $p<0.1$

## 2. Test d'homogénéité des données du panel

Avant d'employer tous les panels dans un ensemble formé pour les estimations, il est impératif de vérifier si les données peuvent être traitées ensemble (en panel) ou bien de façon séparée. Le test de vérification par excellence est celui d'homogénéité emboîtée de Hsiao (2003). Certes, il existe aussi d'autres tests (test de Fisher par exemple) qui permettent de voir la pertinence d'utiliser une structure panel des données ou non mais celui de Hsiao est complet. Avec ce dernier, l'objectif visé est de voir s'il est possible de supposer que le modèle théorique étudiée est parfaitement identique pour tous les individus statistiques de l'échantillon ou s'il existe des spécifications propres à chaque individu. En d'autres termes, cela revient à tester l'égalité des coefficients du modèle étudiée tenant compte de la dimension individuelle.

**Tableau N° 9 : Test d'homogénéité du panel**

F1 = 1.34

PvalF1 = 0.02

F2 = 1.18

PvalF2 = 0.14

F3 = 2.73

PvalF3 =0.00

Note : PvalFi avec i = 1,2 et 3 sont les probabilités d'acceptation/ rejet de la structure du panel.

F1, F2 et F3 sont les valeurs de Fisher Snecdecor.

Il ressort du tableau que d'abord la première valeur du test (F1) montre que F1 est significativement différent de zéro ; cela prouve qu'en considérant l'ensemble des paramètres (coefficients et constantes), l'un des coefficients est différent d'un individu à l'autre. Ensuite la valeur de F2 est significativement proche de zéro (PvalF2 = 0,119) ; cela prouve que les coefficients Betas sont identiques. À partir de là on peut accepter que les données puissent être traitées sous la forme panel ; donc le panel est homogène. Enfin, la valeur de F3 est significative, montrant que les coefficients relatifs aux spécificités individuelles sont différents, autrement dit les pays sont différents les uns des autres. Alors le modèle à effet fixe individuel est le modèle d'estimation par excellence.

### 3. Vérification du choix de test de stationnarité

Les tests de racine unitaire sur les données de panel non stationnaires nous conduisent vers les nouvelles générations des tests. Ils permettent de prendre en compte les éventuelles interdépendances entre les individus du panel sous différentes formes.

Ainsi, il s'agit de faire le choix entre les variables à tester au « **test de première génération** » lorsqu'il n'existe aucune corrélation interindivi-duelle, ou au « **test de deuxième génération** » lorsque la dépendance individuelle s'impose. Le test de Pesaran (2004) est utilisé dans ce cas.

**Tableau N° 10 : Résultats des tests de première et de deuxième génération**

| **Variable** | **CD-test** | **p-value** | **corr** | **abs(corr)** |
|---|---|---|---|---|
| TPIB | 3.190 | 0.001 | 0.065 | 0.199 |
| CHNFDIf | 1.39 | 0.165 | 0.028 | 0.214 |
| CHNFDIs | 28.46 | 0.000 | 0.579 | 0.580 |
| TERMECH | 15.380 | 0.000 | 0.313 | 0.501 |
| IDH | 46.700 | 0.000 | 0.950 | 0.950 |
| IQG | -0.860 | 0.391 | -0.017 | 0.398 |
| INFRAS | 39.630 | 0.000 | 0.806 | 0.806 |
| NVEST | 1.330 | 0.183 | 0.027 | 0.321 |
| EPARG | 4.510 | 0.000 | 0.092 | 0.366 |
| OUV | 1.550 | 0.122 | 0.031 | 0.305 |
| INFL | 6.450 | 0.000 | 0.131 | 0.249 |
| IDE | -0.440 | 0.662 | -0.009 | 0.216 |
| LPIBH | 43.230 | 0.000 | 0.880 | 0.880 |

Notes : sous l'hypothèse nulle (H0) d'une indépendance transversale des données CD ~ N (0,1)

Les résultats du tableau ci-dessus nous montrent qu'il y a autant de variables à tester à la première génération qu'il y en a à la deuxième. Il s'agit de CHNFDIf, IQG, INVEST OUV et IDE pour la première génération et TPIB, CHNFDIs, TERMECH, IDH, INFRAS, EPARG et INFL pour la deuxième génération.

**Tableau N° 11 : résultats des tests de stationnarité**

| | **Tests de première génération** | | | |
|---|---|---|---|---|
| **Variables** | **P-Value (LLC)** | **P-Value (IPS)** | **Ordre d'intégration** | **Décision** |
| **CHNFDIf** | 0,00 | 0,00 | I(0) | Stationnaire |
| **IQG** | 0,01 | 0,30 | I(0) | Stationnaire |
| **INVEST** | 0,90 | 0,49 | I(1) | Stationnaire |
| **OUV** | 0,002 | 0,002 | I(0) | Stationnaire |
| **IDE** | 0,003 | 0,01 | I(0) | Stationnaire |
| | **Test de deuxième génération** | | | |
| | **P-value (Pesaran)** | **P-value (Choi)** | **I(0)** | **Stationnaire** |
| **TPIB** | -4,12 | 0,00 | I(0) | Stationnaire |
| **CHNFDI** | -3,29 | 0,00 | I(0) | Stationnaire |
| **TERMECH** | -3,03 | 0,00 | I(0) | Stationnaire |
| **IDH** | -2,34 | 0,00 | I(0) | Stationnaire |
| **INFRAS** | -2,61 | 0,09 | I(1) | Stationnaire |
| **EPARG** | -3,26 | 0,00 | I(0) | Stationnaire |
| **INFL** | -3,80 | 0,00 | I(0) | Stationnaire |
| **LPIBH** | -2,34 | 0,00 | I(0) | Stationnaire |

Note : LLC = statistique de Livin-Lin-Chu ; IPS= statistique de Im-Pesaran-Shin,

D'après les résultats du tableau 5, toutes les séries étudiées sont non stationnaires en niveau pour les deux tests (première et deuxième génération) en dehors des deux variables (INVEST et INFRAS). Cependant, en appliquant la méthode de différence première, les deux variables redeviennent stationnaires après la première différence, ainsi elles sont intégrées d'ordre 1, I (1). Au regard du mélange entre variables stationnaires à niveau et non stationnaire, on peut par la suite envisager la possibilité de l'existence d'une relation de cointégration entre les différentes variables étudiées.

## 4. Résultats des estimations

Avant l'interprétation du tableau des résultats des estimations, une analyse de la cointégration s'impose d'abord afin de déterminer s'il faut aller vers une analyse à correction d'erreur ou bien sur une analyse vectorielle autorégressive.

D'après les informations du tableau (réf. Tab. 7, annexe) de cointégration entre variables utilisant la méthode de Kao (1999), il ressort qu'au seuil de 5 % toutes les variables sont cointégrées. Cela va permettre la mise en évidence des relations de long terme entre variables macroéconomiques. Également une relation de court terme peut aussi être mise en œuvre afin d'apprécier les résultats.

**Tableau N° 12 : Résultats des estimations**

| | **Dynamique de long terme** | | | |
|---|---|---|---|---|
| LPIBH | Eq 1 | Eq2 | Eq3 | Eq4 |
| CHNFDIf | -0,24* | | | |
| CHNFDIs | -0,13*** | | | |
| IDESIC | 0,06*** | | | |
| INVEST | 0,04*** | 0,04*** | | |
| EPARG | -0,017*** | -0,017*** | 0,001 | 0,121*** |
| OUV | 0,005*** | 0,008*** | 0,008*** | -0,045*** |
| TERMECH | 0,005*** | 0,008*** | 0,002*** | 0,032*** |
| INFL | 0,03*** | 0,04*** | 0,009*** | -0,086*** |
| IDH | 19,04*** | 16,88*** | 7,27*** | 7,816*** |

| | | | | |
|---|---|---|---|---|
| | | **Dynamique de long terme** | | |
| IQG | -0,445*** | -0,419*** | 0,066 | 0,661*** |
| INFRAS | | | 0,045*** | |
| IDE | | 0,061*** | -0,012*** | 0,218*** |
| Transport | | | | -0,182*** |
| Énergie | | | | 0,093 |
| TIC | | | | -0,151*** |
| | | **Dynamique de court terme** | | |
| CHNFDIf | 0,43* | | | |
| CHNFDIs | 0,11 | | | |
| IDESIC | | | | |
| INVEST | -0,001 | -0,002 | | |
| EPARG | 0,0001 | 0,001 | -0,001 | 0,001 |
| OUV | -0,003** | -0,003** | -0,001 | -0,001 |
| TERMECH | -0,0004 | -0,001 | -0,002 | 0,0002 |
| INFL | -0,003 | -0,002 | 0,001 | 0,003* |
| IDH | 4,15** | 4,95** | 2,61 | 9,441*** |
| IQG | 0,036 | 0,006 | 0,007 | -0,002 |
| INFRAS | | | -0,008 | |
| IDE | | | 0,004 | 0,004 |
| Transport | | | | 0,0002 |
| Énergie | | | | 0,068 |
| TIC | | | | -0,016 |
| Constante | -0,69 | -0,53* | 0,95*** | -0,004 |

*** $p<0.01$, ** $p<0.05$, * $p<0.1$

Le tableau ci-dessus (réf. Tab. 12) montre les résultats de quatre équations réparties en deux temps, le court terme et le long terme.

D'abord, les résultats du court terme à l'équation 1 nous montrent, dans l'ensemble, que trois variables sont significatives au seuil de 5 %. Il s'agit de l'indice de développement humain, de l'ouverture commerciale et du stock de l'investissement chinois. Ces variables contribuent à rehausser le niveau du PIB par habitant, quant à l'ouverture commerciale, elle pénalise la croissance du PIB par habitant.

En revanche, pour ce qui est de la dynamique de long terme, toutes les variables du modèle sont statistiquement différentes de zéro au seuil de 5 % en dehors de la variable IQG de l'équation 3 qui n'est pas significative. Dans l'Eq1, on voit que la variable clé du modèle de financement chinois (CHNFDIf et CHNFDIs) est négative, c'est-à-dire qu'à long terme, l'investissement chinois pénalise le PIB par habitant. Un résultat contre-intuitif au moment où la littérature documente que l'investissement étranger a un effet positif sur la croissance d'un pays. Toutefois, de façon désagrégée, quand on considère l'investissement chinois, on se rend compte qu'il est contesté dans la plupart des études orientées vers les pays en développement. À titre illustratif, les analyses de Zhang et al. (2014) montrent clairement que la variable investissement chinois représentée par China FDI agit négativement sur la croissance des pays de l'Afrique subsaharienne.

Dans l'Eq3, il ressort que l'indice d'infrastructure calculé à partir d'autres sous-indices du secteur tels que les TIC, l'Énergie et le Transport agit favorablement sur l'amélioration du PIB par habitant des pays de la CEDEAO.

Les autres variables exogènes telles que l'ouverture commerciale, le terme d'échange et l'investissement, contribuent à renforcer le PIB par habitant ainsi que l'a documenté la théorie économique.

L'indice de développement humain, IDH, est une mesure du capital humain. Il est certes réputé efficace pour mesurer le niveau de vie de la population concernée, mais certains chercheurs l'ont utilisé comme proxy de la population active. Ce facteur démographique permet d'estimer la composition de la population active d'un pays. Plus cet indice est élevé positivement, plus la population en âge de travailler favorise la production par habitant.

Les termes de l'échange sont mesurés par le rapport entre le prix des biens exportables et le prix des biens importables. Toute amélioration des termes de l'échange permet à un pays d'acheter plus d'importations pour un niveau donné d'exportations.

En prenant le cas du Sénégal, pour le traiter isolément, il ressort des résultats que les investissements chinois n'ont produit aucun effet aussi bien à court qu'à long terme, comme les résultats du tableau (réf. Tab 8, annexe) le montrent, au seuil statistique de 5 %. Et même si on se donne un seuil de 20 %, le constat reste similaire au cas général précédemment discuté.

Il apparait donc qu'à travers cette analyse descriptive des données, une tendance globale a été dégagée tant au niveau des pays qu'entre les pays. De plus, une étude croisée des indicateurs a donné l'opportunité d'évaluer les tendances simultanément. L'analyse des données, basée sur le modèle indiqué, a donné des résultats convaincants qui ont permis d'identifier les facteurs explicatifs pertinents des modèles spécifiés de l'investissement chinois dans les pays africains de la CEDEAO. Cependant, l'on note quelques difficultés liées à la taille des données qui n'est pas assez importante pour permettre une étude par pays.

Selon les estimations, il est évident que les investissements chinois n'ont pas eu un impact significatif sur la dynamique du PIB par habitant des pays africains, et ce, pour diverses raisons. Tout d'abord, la mauvaise gouvernance est un élément essentiel qui a un impact significatif sur le développement, pour la plupart des pays africains, comme le démontre l'indice qualitatif gouvernemental (IQG), qui a une contribution négative à la croissance du PIB. Cela montre que beaucoup reste à faire, en particulier en ce qui concerne la gestion de la corruption, qui constitue un facteur essentiel qui entrave le développement des États. Également, la méconnaissance des priorités chez la plupart des gouvernements africains est un handicap. Plutôt que d'orienter leur finance vers des secteurs prometteurs de développement, nos États investissent dans des secteurs à faible rendement et à faible valeur ajoutée. Cependant, il convient de souligner que certains indicateurs tels que l'investissement gouvernemental (INV), l'ouverture commerciale (OUV), le terme de l'échange (TERMECH) et l'indice composite d'infrastructure (INFRAS) ont eu un impact positif et solide sur le PIB, et ce, peu importe l'équation dans laquelle ils sont placés.

## Section 2 : Implications théoriques et managériales et recommandations

Ces implications ont été relevées à partir des résultats de la recherche économétrique précédente utilisant une méthodologie des panels ARDL jointe en annexe 2.

Les résultats de cette recherche démontrent que le financement chinois étant certes conséquent a un impact significativement négatif à court terme et positif à long terme sur le développement économique des États d'Afrique subsaharienne. À cet effet, quelques implications théoriques et managériales et ainsi que des recommandations ont été formulées pour que les investissements chinois aient beaucoup plus d'efficacité dans lesdits pays aussi bien à court terme qu'à long terme.

## 1. Implications théoriques et managériales

Les investissements chinois en Afrique ont des implications importantes, à la fois théoriques et managériales, concernant le développement économique et les stratégies de gestion des entreprises et des États africains.

### 1.1 Implications théoriques

L'arrivée des investissements chinois en Afrique a conduit à la remise en question de nombreuses théories économiques et stratégiques actuelles. Selon la théorie de la dépendance, on observe que les investissements chinois engendrent une sorte de dépendance économique, où les nations africaines se retrouvent dépendantes des fonds, des technologies et même parfois de la force de travail chinoise. Ce constat a été noté dans la majorité des conclusions formulées par les analystes de la question (Chercheurs, Experts, etc.). D'après la théorie du développement, certains estiment que ces investissements sont un vecteur de progrès, en stimulant la mise en place d'infrastructures, le transfert de technologies et l'industrialisation.

Il existe aussi la théorie du capitalisme d'État qui met en avant le rôle bénéfique de l'État, avec une attention particulière portée à la Chine dans ce contexte de collaboration où l'État occupe une place prépondérante dans l'économie. À l'opposé des méthodes occidentales axées sur le marché libre, l'investissement chinois s'appuie sur des relations intergouvernementales (l'initiative Belt and Road) et des sociétés d'État, comme l'AGEROUTE au Sénégal. Cela souligne une nouvelle orientation du développement économique où l'action de l'État joue un rôle déterminant.

Il est essentiel de noter que l'Afrique, riche en ressources, est un continent très convoité qui lui permet de privilégier la théorie des avantages comparatifs pour mieux tirer profit de la coopération sino-africaine. En examinant l'investissement chinois, on constate généralement qu'il se concentre sur les ressources naturelles et les infrastructures, alors que l'orientation de ces investissements chinois dans les secteurs manufacturier et technologique transformeraient graduellement les dynamiques traditionnelles du commerce international.

### 1.2 Implications managériales

Les investissements de la Chine ont provoqué des modifications dans les méthodes de gestion et les approches économiques en Afrique. En matière de gestion des infrastructures, l'approche chinoise en termes de management de projets met en évidence la tendance des entreprises chinoises à favoriser une mise en œuvre rapide et des dépenses plutôt modérées, généralement en impliquant leurs propres fournisseurs et travailleurs. Cela pourrait avoir des répercussions considérablement négatives sur la politique de l'emploi et la compétitivité des ressources humaines, car l'implication limitée des compétences africaines dans ces projets pourrait entraver le transfert de connaissances. Même si par ailleurs certaines entreprises africaines ont adopté des modèles de coentreprise avec des partenaires chinois pour maximiser le transfert de technologie, les résultats restent insatisfaisants.

On peut également mettre en évidence une autre approche pratique qui aborde le sujet des stratégies de négociation et de gestion des partenariats. À l'inverse des investisseurs occidentaux qui insistent souvent sur des critères relatifs aux droits de l'homme ou à la gouvernance, la Chine privilégie une démarche centrée sur les liens économiques et diplomatiques.

Au-delà des enjeux de financement, les implications théoriques et managériales soulignent la nécessité d'une approche équilibrée et réfléchie face aux investissements chinois en Afrique. Cela nécessite une vigilance particulière sur les impacts à long terme sur les économies et les sociétés africaines.

## Section 3. Recommandations

Il convient de noter quelques recommandations formulées à l'endroit des différentes parties prenantes qui interviennent directement dans les investissements chinois en Afrique.

### 1. Les Gouvernements africains

Les investissements chinois en Afrique ont apporté des avantages tangibles en termes de développement des infrastructures et de création d'emplois. Cependant, les gouvernements africains doivent, en amont, identifier les secteurs stratégiques à fort impact (par exemple, agriculture, industries, infrastructures, énergie renouvelable) pour mieux canaliser les investissements chinois afin d'offrir davantage les meilleures opportunités de croissance économique durable et inclusive. En adoptant une telle approche stratégique, les pays africains seront mieux à même de canaliser les investissements chinois vers les secteurs les plus porteurs en termes de création de valeur ajoutée et de génération d'emplois pour leur développement économique et social. De plus, les pays africains doivent être en mesure de développer leurs compétences en matière de négociation et de gestion des accords avec la Chine afin de s'assurer que les investissements répondent bien à leurs objectifs de développement. Il s'y ajoute également le transfert de technologie, les pratiques environnementales et sociales ainsi que la participation des communautés locales sur lesquels les pays africains et particulièrement le Sénégal, doivent insister lors des négociations des contrats d'investissement avec les partenaires chinois.

L'autre résultat saillant de cette recherche qui nécessite une recommandation forte pour les États africains est les conditions de financement chinois qui soulèvent souvent des questions critiques sur la capacité des pays africains à gérer leur dette tout en préservant leur souveraineté économique. Généralement, certains prêts chinois exigent des garanties, comme des ressources naturelles ou des actifs publics, soulevant ainsi des préoccupations sur la perte de ressources clés ou d'infrastructures en cas de défaut de paiement. À cet effet, les États africains doivent être en mesure de bien négocier les contrats de prêt chinois pour éviter de subir la diplomatie par le piège de la dette théorisé par Mike Pence. En conséquence, ils doivent développer une approche équilibrée qui repose sur un partenariat gagnant-gagnant pour mieux tirer parti des financements chinois sans compromettre la stabilité économique à long terme.

Une meilleure intégration de ces considérations pourrait encore améliorer l'efficacité globale de ces investissements chinois en Afrique.

**2. Les partenaires chinois**

La Chine peut toujours continuer à privilégier l'utilisation d'instruments financiers comme des prêts concessionnels, l'implication des policy banks chinoises, tels que l'Eximbank et la CDC pour maximiser les impacts positifs de son financement sur les économies des pays africains. En effet, les conditions associées au financement chinois sont très avantageuses comparées à celles des autres bailleurs de fonds, et cela, grâce à des taux d'intérêt compétitifs, des périodes de remboursement flexibles et des relations diplomatiques renforcées.

Un résultat important de cette recherche nous indique également que la Chine ne choisit pas les secteurs qu'elle finance. Généralement, c'est les États bénéficiaires qui choisissent les projets pour lesquels ils sollicitent le financement chinois. Cependant, la Chine doit être plus regardante dans certains cas, surtout en matière de transparence, d'efficacité et de bonne gouvernance des infrastructures pour que ses financements aient un impact fort sur le développement des économies africaines.

### 3. Les sectoriels

Une gouvernance rigoureuse et transparente des investissements chinois est essentielle pour garantir des retombées positives pour le développement. De ce fait, les départements sectoriels doivent assurer une meilleure coordination et une plus grande transparence dans la passation des marchés publics pour mieux limiter les risques de corruption liés aux investissements dans les infrastructures. Ce qui permettrait d'améliorer significativement l'efficience et la qualité des investissements chinois dans les infrastructures. Et cela passe par :

- **La transparence dans le processus d'appel d'offres** : En rendant le processus d'attribution des marchés publics accessible, les sectoriels réduisent les possibilités de favoritisme ou de collusion entre les entreprises et les décideurs.
- **La coordination entre les autorités compétentes** : Une bonne coordination entre le sectoriel et les autres entités (ministères, agences, etc.) impliquées dans les marchés publics pour la réalisation d'une infrastructure permet de mieux contrôler et auditer les processus.
- **La clarté des critères d'attribution** : Des critères d'attribution clairs et objectifs, basés sur la qualité et le meilleur rapport qualité-prix, plutôt que sur des considérations politiques, contribuent à la mise en place d'infrastructures de qualité.
- **Les mécanismes de surveillance et de sanctions** : Des mécanismes efficaces de surveillance, d'enquête et de sanction des comportements illégaux ou frauduleux dissuadent la corruption.

# CONCLUSION ET PERSPECTIVES

Les pays d'Afrique doivent non seulement accélérer leurs investissements en matière d'infrastructures, mais aussi les orienter de manière plus judicieuse pour combler les besoins infrastructurels afin de soutenir les industries et les secteurs compétitifs installés dans des parcs industriels et des zones franches industrielles et qui pourront servir de relais pour l'exportation vers les marchés mondiaux. C'est dans ce contexte que la Chine apparaît comme un partenaire privilégié du continent en investissant fortement dans le développement des infrastructures dont les conditions et les modes de financement sont diversement appréciés.

Ainsi, la présente recherche avait pour objectif principal d'analyser la montée en puissance de la Chine en Afrique dans le financement des infrastructures, et particulièrement au Sénégal, ainsi que les conditions et les modalités de ces financements, et les implications de ces investissements sur le développement économique et social du Sénégal. Après avoir étudié l'évolution des financements chinois en Afrique, nous avons dressé le bilan des réalisations infrastructurelles de la Chine dans le continent pour enfin analyser les instruments et les conditions des financements chinois, tout en faisant un parallélisme des conditions de financement de la Chine en Afrique et des autres partenaires étrangers. Pour finir, nous nous sommes penchés sur l'impact du financement des infrastructures de la Chine sur l'économie sénégalaise.

L'élaboration des objectifs spécifiques a permis de revisiter une large littérature sur les fondements théoriques et les évidences empiriques touchant ce domaine de recherche.

Au plan théorique, il existe une littérature abondante sur l'implication de la Chine dans le développement des infrastructures dans les pays en voie de développement. Dans la continuité des travaux fondateurs d'Aschauer (1989), la modélisation économique de l'impact des infrastructures sur la croissance fait référence à l'essor des théories de la croissance endogène, en particulier aux travaux de Barro (1990). Selon la théorie de la croissance endogène (Romer et Sala-I-Martin,

1992 ; Romer, 1990 ; Aschauer, 1989), la mise en place d'infrastructures adéquates contribue significativement à la croissance économique. L'infrastructure peut donc jouer un rôle essentiel dans la promotion de la croissance économique en améliorant la productivité et la compétitivité, en réduisant la pauvreté, en liant les personnes et les organisations à la télécommunication et en contribuant à la durabilité environnementale.

L'ensemble de la littérature empirique sur les infrastructures et leur lien avec la performance économique a adopté diverses méthodologies d'estimation sur une variété de données (données de panel et de séries chronologiques) et de mesures des infrastructures. Une partie de cette littérature établit qu'il existe un impact positif de l'infrastructure sur la production, la croissance ou la productivité. Cependant, les résultats dépendent en grande partie des mesures d'infrastructure utilisées dans l'analyse. La littérature empirique utilise diverses mesures d'infrastructure telles que les unités physiques d'infrastructure, les stocks de capital public et les flux de dépenses d'infrastructure. L'hétérogénéité des résultats obtenus peut également être liée à l'énorme diversité des modèles estimés (géographies différentes, techniques économétriques variées, disponibilité des données, etc.).

En nous appuyant sur la littérature empirique pour mener à bien cette recherche, nous avons développé une approche méthodologique en plusieurs étapes en se conformant au courant du positivisme épistémologique. Ce qui a permis ainsi de vérifier empiriquement les hypothèses formulées antérieurement. Cette méthodologie a permis d'abord d'exposer le modèle théorique issu de la fonction objective de Cobb-Douglas, ensuite de spécifier le modèle économétrique qui prend en compte l'ensemble des variables explicatives réparties en variables d'intérêt et de contrôle. Puis, un indice de la qualité gouvernementale a été créé à partir des indicateurs de bonne gouvernance. L'estimation du modèle a utilisé le modèle ARDL pour deux raisons d'abord mesurer la cointégration entre les indicateurs et ensuite évaluer la dynamique de court et de long terme. Enfin, le modèle a subi un test de validité des paramètres pour une bonne implication de politique économique.

Au vu de ce qui précède, les résultats issus des estimations ont révélé que les investissements chinois n'ont pas beaucoup impacté la dynamique du PIB par habitant des pays africains, et ce, pour plusieurs raisons, dont la mauvaise gouvernance qui en est un facteur indéniable pour la plupart des pays africains. De ce fait, beaucoup de choses restent à faire, notamment au niveau de la maîtrise de la corruption qui demeure un élément clé. Il s'y ajoute la méconnaissance des priorités qui s'explique, en grande partie, par le fait que les investissements sont orientés vers des projets généralement improductifs. Il est dans l'intérêt général des États de la CEDEAO de prendre au sérieux la gestion des investissements publics.

En termes d'implications de politiques économiques, l'analyse des faits stylisés, la revue documentaire, les estimations économétriques liées au financement chinois et ses déterminants ont révélé plusieurs constats. Dans un premier temps, les résultats ont mis en évidence la vulnérabilité de la production nationale individuelle face aux investissements chinois, que ce soit en flux ou en stock. Par contre, à court terme, le flux des investissements chinois (CHNFDIf) favorise l'amélioration du niveau de production par habitant. Dans ce cadre, les pays doivent mettre l'accent sur les flux d'investissement afin qu'ils impactent davantage positivement la croissance des pays de la CEDEAO. Quant à l'investissement gouvernemental, il reste solide avec la production, et cela, quelle que soit l'équation dans laquelle elle se trouve. Les autres variables telles que l'indice de développement humain (IDH), l'ouverture commerciale (OUV) et le terme de l'échange (ECHANG) contribuent quant à elles à améliorer la production par habitant.

L'indice d'infrastructure (INFRAS) construit par la Banque africaine de développement (BAD) est un indicateur composite qui favorise le PIB par habitant. Mais de manière désagrégée, on se rend compte que les sous-indices du secteur transport et des TIC pénalisent l'évolution du PIB par habitant. Également, l'indice de qualité gouvernemental montre un effet négatif sur le PIB par habitant. Cet indice composite est une combinaison linéaire de plusieurs variables, dont les principales en termes de poids, sont l'efficacité gouvernementale, le contrôle de corruption, les procédures légales et la qualité de réglementation qui affichent des valeurs médiocres dans la plupart des États africains. Raison pour laquelle l'indicateur pénalise le PIB par habitant. C'est pourquoi, même dans le modèle de Morisson et al. (1995), il est démontré que l'effet négatif de l'instabilité politique sur la croissance est indéniable. La littérature documente largement l'opinion selon laquelle la corruption, l'absence de la démocratie, l'instabilité politique ainsi que d'autres formes de pratique restent néfastes à la croissance (Fred, 2019 ; Tanzi, 2002 ; Svensson, 2005 ; Gyimah-Brempong, 2002).

Certes, les dirigeants africains instrumentalisent les sommes investies par la Chine au profit de leur pays, et ce, d'autant plus qu'elle n'est absolument pas le premier investisseur étranger en Afrique. Mais des clauses contractuelles entre les pays de la CEDEAO et les firmes chinoises devraient être négociées avec plus de rigueur dans les secteurs primaires, notamment les mines, les hydrocarbures, les minerais, etc., pour éviter les avantages disproportionnés lors de la signature des contrats de façon à ce que l'emploi local soit valorisé, de même que le respect des politiques sociales. En effet, la redynamisation de la production et par ricochet la consolidation de la croissance ne serait possible sans passer nécessairement par la mise en place d'une stratégie de transformation structurelle. Il faut être capable de définir des secteurs prioritaires d'investissement ainsi que de se spécialiser dans un domaine où le pays détient un avantage comparatif, ce qui serait très bénéfique aux pays de la CEDEAO à court terme, et particulièrement au Sénégal.

Comme tout autre travail de recherche, ce livre souffre de quelques insuffisances, malgré les efforts qu'on a fournis pour atteindre les objectifs fixés. Ce qui a un peu limité cette recherche. La limite principale de recherche est relative à la collecte de données auprès des structures étatiques (Agences et Directions) et des entreprises chinoises implantées au Sénégal.

La deuxième limite concerne la période prise dans cette recherche, c'est-à-dire de 2000 à 2022 (23 années d'études) jugée très courte. Elle s'explique du fait que les statistiques sur la présence chinoise en Afrique de l'Ouest n'existent qu'à partir de l'année 2000, alors que la Chine collabore avec les pays africains depuis très longtemps.

Toutefois, il serait opportun, dans le cadre des recherches futures, d'utiliser l'allocation budgétaire des partenaires traditionnels pour initier des réformes institutionnelles et structurelles, gage d'une meilleure gouvernance, afin d'attirer et de faciliter l'implantation des investisseurs internationaux et d'en tirer meilleur profit. Sans oublier, de l'autre côté, l'intérêt de la ZLECAF qui doit être mis en avant pour permettre la réorganisation des marchés et les économies de la région et de stimuler la production dans les secteurs des services, de l'industrie manufacturière et des ressources naturelles, gage d'une bonne politique de création d'emploi, d'innovation, de croissance et de développement durable.

# RÉFÉRENCES BIBLIOGRAPHIQUES

## Sources documentaires

**Acker, K. et Brautigam, D. (2021).** Twenty Years of Data on China's Africa Lending. Briefing Paper 4. China Africa Research Initiative. Acker, Kevin, Deborah Brautigam, et Yufan Huang. 2020. Debt Relief with Chinese Characteristics. Working Paper 39. China Africa Research Initiative.

**AFPICL-BU HDL (2015).** « La Chine en Afrique : pour le meilleur ou pour le pire ? » ; La Chine aide-t-elle l'Afrique ?

**Agence Ecofin.** « Le taux d'accès à Internet et sa progression dans chacun des 54 pays africains, selon Internet Live Stats », le 28 janvier 2017.

**Ahmed, R. et Donovan, C. (1992).** "Issues of Infrastructural Development: A Synthesis of the Literature". IFPRI.

**Ajakaiye, O., Kaplinsky, R., Morris, M. and N'Zue, F. (2009).** 'Seizing Opportunities and Confronting the Challenges of China – Africa Investment relations: Insights from AERC Scoping Studies', Policy Issues Paper, No. 2, African Economic Research Consortium, Nairobi.

**Alden et Soares de Oliveira (2008).** China returns to Africa: A rising power and a continent embrace.

**Alden et Hughes, C. R. (2009).** Harmony and discord in China's Africa strategy: some implications for foreign policy.

**Aldrich, H. E. et Pfeffer, J. (1976).** Environments of Organizations » Annual Review of Sociology, Vol. 2, (1976), pp. 79-105.

**Aldrich, H. E. (1979).** Organizations and Environments », STANFORD BUSINESS CLASSICS, Paperback ISBN: 9780804758291, Ebook ISBN: 9780804768474.

**Anderson, S. et Williams (2010).** Statistique pour l'économie et la gestion », édition De Boeck, Bruxelles, Belgique, 2010.

**Arrègle J.L. (1996).** « L'identification des actifs stratégiques », Revue Française de Gestion, mars, pp. 25-36.

**Arrègle, J-L., (2006).** Analyse Resource Based et identification des actifs stratégiques, Revue Française de Gestion, Mars-Avril, 25-36.

**Aschauer, D.A., (1989b).** Does public capital crowd out private capital? Journal of Monetary Economics, 24, pp. 177-188.

**Asselineau, A. et Cromarias, A. (2011).** Les stratégies collectives sont-elles toujours applicables dans un « milieu » ? Une réflexion à partir du contre-exemple de la coutellerie thiernoise. Revue management & avenir, 10(50), 137-152.

**Astley W.G. et Fombrun, C. J (1983).** Collective strategy: social ecology of organizational environments, Academy of Management Review.

**Astley, W.G. (1984).** Toward an appreciation of collective strategy », Academy of Management Review.

**Atkins (2017).** Atkins Lucas, Brautigam Deborah, Chen Yunnan et Hwang Jyhjong, *Challenges of and Opportunities from the Commodity Price Slump,* China-Africa Research Initiative Economic Bulletin 1, 2017.

**Avenier, M. J. (2011).** « Les paradigmes épistémologiques constructivistes : post-modernisme ou pragmatisme ? » *Management Avenir*, (3), 372-391.

**Avenier, M. J., et Gavard-Perret, M. L. (2012).** « *Inscrire son projet de recherche dans un cadre épistémologique* » (No. Halshs-00355392).

**Bai, J. et Ng, S. (2004).** "A PANIC attack on unit roots and cointegration", Econometrica, 72, pp. 1127-1177.

**Baltagi, B.H. et Kao, C. (2000).** "Nonstationary panels, cointegration in panels and dynamic panels: a survey", in Advances in Econometrics, 15, edited by B. Baltagi et C. Kao, pp. 7-51, Elsevier Science.

**Banerjee, A., & Newman, A. (2004).** Notes for credit, growth, and trade policy. Massachusetts Institute of Technology.

**Banque Européen d'investissement (2021).** L'innovation comme réponse.

**Banque Mondiale (2016).** The Economic Impact of Public-Private Partnerships in the Infrastructure Sector: Literature Review,

**Barabel, M. et Meier, O. (2006).** MANAGEOR », Paris: Editions Dunod.

**Barro R.J. (1989).** « The neoclassical approach to fiscal policy », In R.J. Barro (ed), Modern Business Cycle Theory (pp. 178-235), Cambridge, MA: Harvard University Press.

**Barro R. J. et Sala-i-Martin, X. (1992**). « Public finance in models of economic growth », Review of Economic Studies,59: 645-661.

**Barro, R. J. (1991).** Economic growth in a cross section of countries. The quarterly journal of economics, 106(2), 407-443.

**Barro, R. J. (1990**). "Government Spending in a Simple Model of Endogenous Growth", Journal of Political Economy, 98, 103 -125.

**Beaussé, N. et Gonnet, M. (2012).** Partenariats public-privé en méditerranée : état des lieux et recommandations pour développer les PPP dans le financement de projets dans le sud et l'est de la méditerranée.

**Benavent, C. (2005).** LA MÉTHODE D'ÉTUDES DE CAS, cour de Méthodologie de la recherche en Sciences de la Gestion, Université Catholique de Louvain.

**Benavent, C. et De La Villarmois, O. (2001).** LE CONCEPT DE PERFORMANCE ET SA MESURE : UN ÉTAT DE L'ART, Cahiers de la Recherche : Centre Lillois d'Analyse et de Recherche sur l'Évolution des Entreprises, UPRESA CNRS 8020.

**Berle, A.A. et G.C. Means (1932).** The Modern Corporation and Private Property, 2e édition 1956, New York, Macmillan.

**Berles et Means (1932).** Propriété et contrôle dans la grande entreprise. Une relecture de Berle et Means.

**Besada, H., Wang, Y. and Whalley, J. (2008**). China's Growing Economic Activity in Africa, Working Paper 14024, National Bureau of Economic Research, Cambridge. http://www.nber.org/papers/w14024

**Beuret et Michel (2008).** La Chine a-t-elle un plan en Afrique ?

**Boopen, S. (2006).** Transport infrastructure and economic growth: Evidence from Africa using dynamic panel estimates. *The empirical economics letters*, *5*(1), 37-52.

**Boopen, S. (2006).** Transport infrastructure and economic growth: Evidence from Africa using dynamic panel estimates. *The empirical economics letters*, *5*(1), 37-52.

**Bouet, J. et Clauser, L. (2008).** « Investissements et systèmes d'information Intérêts et limites des partenariats public-privé ».

**Boyer, M. et Huang, P. (2019).** Fonds de la Francophonie pour les Infrastructures en Afrique (FFIA), Série Scientifique, CIRANO.

**Brautigam, D. (2011).** Financement chinois du développement en Afrique. Dans Perspectives sur les puissances émergentes en Afrique : analyse et commentaires de l'initiative des puissances émergentes en Afrique de Fahamu, numéro 16, décembre 2011.

**Bresser R. K., (1988).** Matching Collective and Competitive Strategies, Strategic Management Journal, Vol. 9, No. 4, pp. 375-385.

**Bresser, R. K. et Harl, J.E. (1986).** Collective Strategy: Vice or Virtue?, Academy of Management Review, Vol. 11, No. 2, 408-427.

**Brinkerhoff, D.W. et Brinkerhoff, J.M. (2011),** "Public-private partnerships: Perspectives on purposes, publicness, and good governance", Public Administration and Development, DOI: 10.1002/pad.584

**Broadman et al, (2006).** Analyse coûts-avantages : concepts et pratiques, 4e édition.

**Bulinge, F. (2010).** Renseignement et analyse d'information : une approche Epistémologique, Renseignement & Intelligence économique, Blog d'études et de recherche, janvier 2010, http://cerad.canalblog.com/archives/2010/01/16/16541580.html.

**Burns, T., & Stalker, G. M. (1961)**. The management of innovation, London: Tavistock Publications.

**Busse, M., Erdogan et H. Mühlen (2016).** China's impact on Africa– The role of trade, FDI and aid. KYKLOS 69 (2) :228-262.

**Cabri (2021).** Chine en matière de prêts souverains et de restructuration de la dette : une introduction pour les gestionnaires de la dette publique africaine.

**Calderon, C. (2008).** "Infrastructure and Growth in Africa," Unpublished working paper, The World Bank.

**Calderon, C. A., & Servén, L. (2004).** The effects of infrastructure development on growth and income distribution. *Available at SSRN 625277*.

**Calderón, C. A., & Servén, L. (2004).** Trends in infrastructure in Latin America, 1980-2001. *Available at SSRN 625278*.

**Calderón, C., & Servén, L. (2010).** Infrastructure and economic development in Sub-Saharan Africa. *Journal of African Economies*, *19*(suppl_1), i13-i87.

**Calderón, C., & Servén, L. (2014).** Infrastructure, growth, and inequality: An overview. *World Bank Policy Research Working Paper*, (7034).

**Calderón, C., Moral-Benito, E., & Servén, L. (2015).** Is infrastructure capital productive? A dynamic heterogeneous approach. *Journal of Applied Econometrics*, *30*(2), 177-198.

**Calderon, C.A. et Serven, L. (2008).** "Infrastructure and Economic Development in Sub-Saharan Africa", Journal of African Economies 19.

**Canning, D., & Bennathan, E. (2000).** The social rate of return on infrastructure investments. *Available at SSRN 630763.*

**CEA (2023).** « 3e édition de la Conférence CNT Afrique _ Focus sur le dividende démographique, l'économie générationnelle et le développement durable en Afrique » _ Nations Unies Commission économique pour l'Afrique ».

**Chaponnière** (2006). Les échanges entre la Chine et l'Afrique, Stateco, n° 100.

**Chaponnière, Jean-Raphaël (2019).** « L'aide chinoise à l'Afrique : origines, modalités et enjeux », *L'Économie politique*, no.38 (avril 2008), p.7-28. "Belt and Road Economics: Opportunities and risks of transport corridors," The World Bank, June 18, 2019.

**Charreaux G. (1997).** L'entreprise publique est-elle nécessairement moins efficace, septembre 1997, IAE DIJON - CREGO/LATEC.

**Charreaux, G. (1998).** Le rôle de la confiance dans le système de gouvernance des entreprises. Économies et Sociétés, 32, 47-66.

**Charreaux, G. (2003).** Le point sur les réseaux d'administrateurs et de dirigeants. Banque &.

**Charreaux, G. (2009).** Droit et gouvernance : l'apport du courant comportemental. Cahier de FARGO, (1091001), 22.

**Charreaux, G., (2004).** Les théories de la gouvernance : de la gouvernance des entreprises à la gouvernance des systèmes nationaux », Cahier du FARGO n° 1040101 Version révisée – Décembre.

**Charreaux, G., (1999).** La théorie positive de l'agence : lecture et relectures », in : KOENIG, G., (éd), De nouvelles théorie pour gérer l'entreprise du XXI$^{e}$ siècle, Economica, Paris, pp. 61-141.

**Child, J. (1972),** « Organizational structure, environment and performance: the role of strategic Choic », Sociology, 6, p. 1-22.

**Cochon, A., Szulman, E. et Plouviez, (2018).** « Le financement des infrastructures de transport xviie-début xixe siècle », Histoire économique et financière - Ancien Régime ; Institut de la Gestion publique et du Développement économique.

**Conchon, A. (2016).** *"La corvée des grands chemins au XVIIIe siècle". Économie d'une institution, Rennes,* PUR, 2016.

**Coudert, V., et Dubert, M. (2005).** Does exchange rate regime explain differences in economic results for Asian countries? Journal of Asian Economics, 16(5), 874-895.

**Coutelle, P., (2005).** Introduction aux méthodes qualitatives en Sciences de Gestion., pp.1-20.

**Creswell J. W., (2009).** Research Design: Qualitative, Quantitative and Mixed Methods Approches, Thousand Oaks: Sage.

**Dadvar, B. (2016).** "China's role in African infrastructure development – Cooperation or Exploitation?", Master Programme in Economic Growth, Innovation and Spatial Dynamics.

**Dahan, N. (2002).** La pertinence du concept de ressource dans l'étude des relations entre les entreprises et les pouvoirs publics, Actes de la 11e Conférence annuelle de l'Association Internationale de Management stratégique.

**Dickey, D.A. et Fuller, W.A. (1979).** Distribution of the Estimators for Autoregressive Time Series with a Unit Root., Journal of the American Statistical Association, 74,417-31.

**Dickey, D.A. et Fuller, W.A. (1981).** Likelihood Ratio Statistics for AutoRegressive Time Series with a Unit Root., Econometrica, 49, 1057-1072.

**Dollinger, D. J. (1990)**. The Evolution of Collective Strategies in Fragmented Industries, The Academy of Management Review, Vol. 15, No. 2, pp. 266-285.

**Eberhard et al. (2011).** Garantir l'accès à l'électricité en Afrique : les défis à relever en matière de financement et de réformes.

**Eifert et al. (2005).** Business environment and comparative advantage in Africa: Evidence from the investment climate data.

**Engle, R.F. et Granger, C.W.J. (1987).** "Cointegration and error-correction: representation, estimation and testing", Econometrica, 64, pp. 813-836.

**Estache, A. (2003).** On Latin America's infrastructure privatization and its distributional effects. Available at SSRN 411942.

**Ezemenari, K., Tiruneh, E. A., & Wamboye, E. (2017).** BRICS versus G7 Countries' Direct Investment Impact in Africa. *Foreign capital flows and economic development in Africa: the impact of Brics versus OECD*, 127-145.

**Evrard, Y., Pras, B., & Roux, E. (2009).** Market. Fondements et méthodes des recherches en marketing. (Dunod).

**Fabre, F. et Straub, S. (2019).** "The Economic Impact of public private partnerships (PPPs) in Infrastructure, Health and Education: A Review", working paper No TSE - 986.

**Fedderke, J. et Begotic, Z. (2006).** "Infrastructure and growth in South Africa: direct and indirect productivity impacts of 19 infrastructure measures", ResearchGate, See discussions, stats.

**Felx, A., Kane, M., Corbière, M., et Lesage, A. (2014).** La cartographie de concepts : une représentation visuelle et spatiale pour décrire les ressources résidentielles en santé mentale. Méthodes qualitatives, quantitatives et mixtes : dans la recherche en sciences humaines, sociales et de la santé, 547-576.

**Fishman, T, C. (2006).** China, Inc: The Relentless Rise of the Next Great Superpower. London: Pocket Books.

**FMI (2020),** "The Evolution of Public Debt Vulnerabilities In Lower Income Economies".

**Foster et Garmendia (2010).** openknowledge. worldbank.org This study is part of the Africa Infrastructure Country Diagnostic (AICD), a project designed to expand the world's knowledge of physical infrastructure in Africa. The AICD will provide.

**Fourie, J. (2006).** "Economic Infrastructure: A Review Of Definitions, Theory And Empirics", South African Journal of Economics, Economic Society of South Africa, vol. 74(3), pages 530-556, September.

**Freitas (2023):** The Impact of Chinese Investments in Africa: Neocolonialism or Cooperation? Authors. Marcus Vinicius de **Freitas**

**Fu X. et F Buckley (2015).** "Multi-dimensional complementarities and the growth impact of direct investment from China on host developing countries." Working Paper No. TMD-WP-69. Technology and Management Center for Development, University of Oxford.

**Gannon, C. A., et Liu, Z. (1997).** *Poverty and transport* (No. TWU-30). Washington, DC: World Bank.

**Gavard-Perret, M. L., Gotteland, D., Haon, C. et A. J. (2008).** Méthodologie de la recherche. Publié par Pearson Education France.

**Gavard-Perret, M. L., Gotteland, D., Haon, C. et A. J. (2012).** Méthodologie de la recherche en science de gestion, Réussir son mémoire ou sa thèse. Par Pearson France Immeuble Terra Nova II 15, rue Henri Rol-Tanguy 93100 Montreuil.

**Gaye A. (2006).** Chine-Afrique : Le dragon et l'autruche. Paris : L'Harmattan.

**Gelpern, Anna, Sebastian Horn, Scott Morris, Brad Parks et Christoph Trebesch. (2021).** How China Lends: A Rare Look into 100 Debt Contracts with Foreign Governments. CGD Working Paper 573, Center for Global Development.

**Goldstein et Andrea (2007).** « Chinese contractors in Africa, insight from a survey », présentation à la conférence « L'Afrique dans le commerce mondial », OCDE, Paris, 19 septembre

**Gómez-Ibañez, J.A. (2003).** "Regulating Infrastructure: Monopoly, Contracts, and Discretion", Harvard University Press.

**Granger, C.W.J. et Newbold, P. (1974).** "Spurious regressions in econometrics", Journal of Econometrics, 2, pp. 111-120.

**Grimsey, D. et Lewis, M.K., (2002).** "Evaluating the Risks of Public Private Partnerships for Infrastructure Projects", International Journal of Project.

**Groen, J. J. J. et Kleibergen, F. (2003),** "Likelihood-based cointegration analysis in panels of vector error correction models", Journal of Business and Economic Statistics, 21(2), pp. 295-318.

**Guérin E. (2008).** « Bailleurs émergents et gouvernance mondiale de l'aide au développement : où en est la Chine en Afrique ? », Idées pour le débat (« Gouvernance mondiale »), IDRRI, n° 30.

**Hansen, N.M, (1965).** "Unbalanced growth and regional development", Economic Injuiry, Western Economic Association International.

**Hauret, C. P. D., et Husser, J. (2006, May).** Le Changement organisationnel des Cabinets Comptables Liberaux Induit par Les Évolutions du Referentiel Comptable. In Comptabilité, Contrôle, Audit et Institution (S) (pp. CD-Rom).

**Hannan, M. et Freeman, J. (1977).** The Population Ecology of Organizations » The American Journal of Sociology, Vol. 82, No. 5, pp. 929-964.

**Henry, A. (2013).** Les relations Chine-Afrique : impacts pour le continent africain et perspectives » Conférence ID4D, AFD.

**Henseler et al., (2009).** PLS algorythme.

**Hentz, P. (2012).** Case study: The method », dans P.L. Munhall (dir.), Nursing Research: A.

**Hentz, S. (2012).** Downscaling silicon resonant MEMS and NEMS sensors: devices, transduction, non-linear dynamics and applications (Doctoral dissertation, INSA de Lyon).

**Hirschman, A. (1958).** "The strategy of economic development", Yale University Press.

**HORN S., C.M. REINHART et C. TREBESCH (2019)**, China's Overseas Lending, Working Paper 26050, NBER Working Paper Series, July.

**Hsiao, C. (1986).** Analysis of Panel Data., Econometric society Monographs N0 11. Cambridge University Press.

**Hsiao, F. S., & Hsiao, M. C. W. (2006).** FDI, exports, and GDP in East and Southeast Asia-Panel data versus time-series causality analyses. *Journal of Asian Economics*, *17*(6), 1082-1106.

**Hurlin, C. et Mignon, V. (2005).** "Une synthèse des tests de racine unitaire sur données de panel", Économie et Prévision, 169-170-171, pp. 253-294

**Ibert J., (2002).** De la concurrence au conflit irréductible : dynamiques économiques et psycho-sociologiques », La concurrence : entre affrontement et connivence, F. Le Roy (coordinateur), Vuibert, Coll. « Entreprendre », Paris, 2002, p. 27-62.

**Ibert, J., (2004).** La gestion paradoxale des relations entre firmes concurrentes, Revue F Ibert J. (2006) « La gestion paradoxale des relations entre firmes concurrentes », in S. Yami et F. LRoy (coordonné par), Stratégies collectives. Rivaliser et coopérer avec ses concurrents, Colombelles, EMS, pp. 49-80. Française de Gestion, Vol. 30, N°148, pp. 153-177.

**Im, K.S., Pesaran, M.H. et Shin, Y. (2003).** "Testing for unit roots in heterogeneous panels", Journal of Econometrics, 115, pp. 53-74.

**Iossa, E. et Martimort, D. (2014).** "The Simple Microeconomics of Public-Private Partnerships", Journal of Public Economic Theory.

**Jian Zhang Ilan Alon Yanan Chen, (2014).**"Does Chinese investment affect Sub-Saharan African growth?", International Journal of Emerging Markets, Vol. 9 Iss 2 pp. 257 - 27

**Johansen, S. (1991).** "Estimation and hypothesis testing of cointegration vectors in Gaussian vector autoregressive models", Econometrica, 59, pp. 1551-1580.

**Johansen, S. (1995).** Likelihood-based inference in cointegrated vector autoregressive models, Oxford University Press.

**Kao, C. (1999).** "Spurious regression and residual-based tests for cointegration in panel data", Journal of Econometrics, 90, pp. 1-44.

**Kao, C. et Chen, B. (1995).** "On the estimation and inference for cointegration in panel data when the cross section and time series dimensions are comparable", Manuscript, Center for Policy Research, Syracuse University, New York.

**Kao, C. et Chiang, M.H. (2000).** "On the estimation and inference of a cointegrated regression in panel data", Advances in Econometrics, 15, edited by B. Baltagi et C. Kao, Elsevier Science.

**Kaplinsky R. (2005).** Globalization, Poverty and Inequality: Between a Rock and a Hard Place, Cambridge, Policy Press.

**Kevin Yin (2020).** Les investissements chinois et le développement dans le secteur du logement africain.

**KO Wonyra, F Okah Efogo** - Monde en développement, 2020 - cairn.info

**Kuma, J.K. (2018).** « Modélisation ARDL, Test de cointégration aux bornes et Approche de TodaYamamoto : éléments de théorie et pratiques sur logiciels. Licence ». Congo-Kinshasa. ffcel01766214f

**Le Roy, F. (2002).** La concurrence : entre affrontement et connivence ; Édition Paris : Vuibert.

**Le Roy, F. (2003).** Rivaliser et coopérer avec ses concurrents : le cas des stratégies collectives agglomérées, XIIe Conférence de l'Association Internationale de Management stratégique, Les Côtes de Carthage – 3, 4, 5 et 6 juin 2003.

**Levin A., Lin, C.F. et Chu, J. (2002).** "Unit root tests in panel data: Asymptotic and finite sample properties", Journal of Econometrics, 108, pp. 1-24.

**Levin, A. et Lin, C.F. (1992).** "Unit root tests in panel data: Asymptotic and finite sample properties", Discussion Paper 56, Department of Economics, University of California at San Diego.

**Levin, A. et Lin, C.F. (1993).** "Unit root tests in panel data: new results", Discussion Paper 92-93, Department of Economics, University of California at San Diego.

**Liu, Z. B. (2007).** 'The growth of China's Trade Volume and the Upgrading of Local Industries Based on the Global Value Chain Governance Perspective', Academic, No. 2, pp. 80-86.

**Loayza, N., Calderón, C. A., & Servén, L. (2004).** Greenfield foreign direct investment and mergers and acquisitions: feedback and macroeconomic effects. *Available at SSRN 636612.*

**Loayza, R. et Odawara, R. (2010).** "Infrastructure and Economic Growth in Egypt", Policy Research Working Paper.

**Lucas, R.E. (1988).** "On the mechanics of economic development", Journal of Monetary Economics 22 3-42. North-Holland.

**Maddala, G. et Wu, S. (1999).** "A comparative study of unit root tests and a new simple test", Oxford Bulletin of Economics and Statistics, 61, pp. 631-652.

**Malthus, T. R. (1986).** An essay on the principle of population (1798). The Works of Thomas Robert Malthus, London, Pickering & Chatto Publishers, 1, 1-139.

**Mlambo – Économies (2022).** mdpi.com China in Africa: An examination of the impact of China's loans on growth in selected African States

**Marchesnay, M. (2002).** Pour une Approche entrepreneuriale de la Dynamique Ressources-Compétences. Essai de Praxéologie, Les Éditions de l'ADREG

**Miles, M., et Huberman, A. (2003).** Analyse des données qualitatives. (De Boeck).

**Moon, H.R. et Phillips, P.C.B. (1998).** "A reinterpretation of the Feldstein-Horioka regressions from a nonstationary panel viewpoint", Working Paper, Yale University.

**Morris et Al. (2020).** Chinese and World Bank lending terms: A systematic comparison across 157 countries and 15 years.

**Najah (2021).** La Diplomatie des Forums de la Chine en Afrique : Le FOCAC de **2021** Apportera-Il des Surprises ? /China's Diplomacy Forum in Africa: Will" FOCAC" **2021** bring.

**Nazmi, N. et Ramirez, M.D. (1997).** "Public and private partnership and economic growth in Mexico", Contemporary Economic Policy (ISSN 1074-3529), @Western Economic Association International.

**OCDE (2023),** "FDI in critical infrastructure, Supporting EMDEs in attracting more, better and safe FDI", POLICY NOTE, http://www.oecd.org/investment.

**Oman, C. (1984),** « Les nouvelles formes d'investissement dans les pays en développement », pp. 273, OCDE.

**OMS (2021),** « Pour que les routes ne tuent plus au Sénégal », https://www.afro.who.int/fr/news/

**Oughton E. et Tyler P. (2013).** "Infrastructure as a complex adaptive system". Working Paper of the Infrastructure Transitions Research Consortium (ITRC).

**Paul Nantulya (2019).** "Les activités stratégiques croissantes de la Chine en Afrique reposent sur le hard power chinois", *Éclairage*, Centre d'études stratégiques de l'Afrique, 7 février 2019.

**Pedroni, P. (1995).** "Panel cointegration, asymptotic and finite sample properties of pooled time series tests with an application to the PPP hypothesis", Working Paper in Economics, 92-013, Indiana University.

**Pedroni, P. (1997).** "Panel cointegration, asymptotic and finite sample properties of pooled time series tests with an application to the PPP hypothesis: new results", Working Paper in Economics, Indiana University.

**Prevot F (2005).** Ressources et compétences : proposition d'une synthèse des définitions, Working Paper EUROMED Marseille, N° 42, p 61.

**Prévot, F., Brulhart, F. et Guieu, G. (2010).** Perspectives fondées sur les ressources : Proposition de synthèse, Revue française de gestion, 2010/5, N° 204 pp 87-103.

**Pušiü, D. C. (2014).** PPP Model Opportunities, Limitations and Risks in Croatian Public Project Financing", Procedia - Social and Behavioral Sciences 00 000-000

**Reddy, S. M. et Reddy, V.V.N. (2015).** "Public and Private Partnership in Infrastructure Development in India"; International Journal of Business and Management Invention; ISSN.

**Redouan Najah (2021).** La diplomatie des forums de la Chine en Afrique : le "Focac" 2021 apportera-t-il des surprises ?

**Ren, Liang, Y. Zheng (2012).** Chinese international investments, An institutional perspective and the role of the state for Chinese OFDI.

**Richer P.** (2008). L'offensive chinoise en Afrique. Paris: Karthala, 164 p.

**Romer, P. M. (1986).** "Increasing returns and long-run growth", Journal of Political Economy 94.

**Ross, A. G. (2015)**. "An empirical analysis of Chinese outward foreign direct investment in Africa", Journal of Chinese Economic and Foreign Trade Studies, Vol. 8 No. 1, pp. 4-19.

**Royer, I. et Zarlowski P. (2014).** Le design de la recherche, in Thietart et al., p. 168-196.

**Sané, M. (2017).** « Infrastructures, commerce intra-africain et développement économique en Afrique », Revue Interventions économiques, Papers in Political Economy.

**Sénéchal, O., Menet, J. L., Winter, E., et Heldenbergh, A. (2013).** Qualité et enseignement supérieur : application des principes du Balanced Scorecard (BSC) à un master. In *QUALITA2013*

**Simons R. (1990).** The role of management control systems in creating competitive advantage: new perspectives. », Accounting, Organizations and Society, 15 (1/2), p. 127-143.

**Simons R. (1995).** Levers of control, Boston, Mass.: Harvard Business School Press.

**Simons R. L. (1995).** Levers of Control. How Managers Use Innovative Control System to Drive

**Snieska, V. et Simkunaite, I. (2009).** "Socio-Economic Impact of Infrastructure Investments", Inzinerine Ekonomika-Engineering Economics (3). 2009 economics of engineering decisions

**SSATP (2019).** « L'Afrique en passe d'accélérer les mesures de sécurité routière grâce à l'Observatoire africain de la sécurité routière » https://www.ssatp.org/fr/page/safer-roads.

**Sun, I.Y., Jayaram, K, et Kassiri, O. (2017).** Dance of the Lions and Dragons: How are Africa and China engaging, and how will the partnership evolve? McKinsey & Company. Pg. 28.

**Swazi Observer, 2009** Africa's infrastructure : a time for transformation.

**T. Dzaka-Kikouta (2011).** L'investissement chinois en Afrique centrale.

**THIAO, A. (2019).** Dépenses publiques d'infrastructures et croissance économique au Sénégal : une approche par le modèle NARDL. *Revue Économie & Kapital*, (15).

**Thierry, P. (2018).** Algérie : quelle présence économique chinoise ?

**Thietart et al, (2014).** Méthode de recherche en management, 4e édition, Dunod.

**Thiétart R. A. et coll., (2007).** Méthodes de recherche en management, 3e édition, Dunod.

**Thiétart, R. (2003).** Méthodes de recherche en management. (Dunod).

**Trésor français (2020).** Le positionnement de la Chine parmi les bailleurs en Afrique subsaharienne.

**Tywoniak, S. (1998).** Le modèle des ressources et des compétences : un nouveau paradigme pour le management stratégique ? in LAROCHE H., NIOCHE J.P., Repenser la stratégie, Paris, Vuibert.

**Usunier, J. C. (2000).** Confiance dans les relations entre acheteurs et fournisseurs en France et en Allemagne : une approche cross-culturelle et interculturelle. *Confiance et performance : un essai de management comparé France/Allemagne*.

**Vinicius de Freitas, (2023).** The Impact of Chinese Investments in Africa: Neocolonialism or Cooperation?

**Wade, A. (2008),** « Time for the West to Practice What It Preaches», Financial Times, January 24.

**Wanmali, S. et Islam, I. (1997). "**Rural infrastructure and agricultural development in Southern Africa: a centre-periphery perspective", International Food Policy Research Institute.

**Warner, A.M. (2014).** "Public Investment as Engine of Growth", IMF Working Paper WP/.

**Weekly (2012).** Les entreprises chinoises sont-elles vraiment internationales ?

**Whalley, J., & Weisbrod, A. (2012).** The contribution of Chinese FDI to Africa's pre crisis growth surge. Global Economy Journal, 12(4).

**World Economic Forum, (2017).** *"The Africa Competitiveness Report 2017."*

**Wright, R. E. (2014).** "The Pivotal Role of Private Enterprise in America's Transportation Age, 1790-1860", *The Journal of Private Enterprise*, n° 29, p. 1-20.

X. **Richet*** **(2014)** – L'internationalisation des firmes chinoises : croissance, moteurs, stratégies.

**Yami, S. (2007).** Stratégies collectives : rivaliser et coopérer avec ses concurrents, Editions : EMS, Coll : Management et société.

**Yami, S., Nicquevert, B. et Nordberg, M. (2005).** Le consortium de recherche comme stratégie collective agglomérée : Le cas de la collaboration ATLAS du CERN, Ateliers AIMS, Montpellier, 13 novembre 2004.

**Yin, R.K. (2009).** Case Study Research: Design and Methods, 4e éd., Thousand Oaks, Sage Publications.

**Yong He**, **Yunnan Shi :** Les positions de l'Europe, des États-Unis et de la Chine en Afrique. Implications pour son développement.

**Yu, H., Yuan, H. et Yi, W. (2022).** "Chinese Infrastructure in Africa", Advances in Social Science, Education and Humanities Research, volume 653.

**Zhibiao L. (2007).** « Contemporary Economic and Trade Relations between China and Africa», in Prah, K.K. (ed). Afro-Chinese Relations: Past, Present and Future, Cape Town, The Centre for Advanced Studies of African Society

**Webographie**

http://chinaafricaproject.com/focac-2015-making-sense-of-thenumbers/

http://www.sinopec.com/listco/en/about_sinopec/.

https://issafrica.org/fr/iss-today/les-enjeux-complexes-de-la-dette-dans-les-relations-chine-afrique

https://www.aei.org/chinaglobal-investment-tracker/

https://www.reuters.com/article/us-chevron-m-a-sinopec-corp-idUSKCN1GL0TX.

http://bit.ly/DREALGroup

https://www.aei.org/chinaglobal-investment-tracker/

https://allafrica.com/stories/201103310681.html

https://www.africanews.com/2021/09/06/china-to-import-moreafrican-agricultural-products/

http://english.eximbank.gov.cn/Profile/AboutTB/Introduction

https://issafrica.org/fr/iss-today/les-enjeux-complexes-de-la-dette-dans-les-relations-chine-afrique

Investissements directs étrangers et commerce des services en Afrique subsaharienne

https://issafrica.org/fr/iss-today/les-enjeux-complexes-de-la-dette-dans-les-relations-chine-afrique

SAIS Institut de Recherche Chine-Afrique à l'Université John Hopkins. Prêts annuels chinois accordés aux gouvernements africains

# ANNEXES

## Annexe 1 : Construction de l'indice des infrastructures

C'est un indice composite calculé à partir plusieurs sous autres indices afin d'avoir un indice global dénommé Indice de développement des infrastructures en Afrique (AIDI), par la BAD. Il est composé des sous indices composites Transport, Électricité et TIC (BAD, 2020).

### Indice composite de transport

Routes bitumées (km pour 10 000 habitants) : Longueur totale dans le pays avec pierre concassée, liant hydrocarbonés ou agents bitumeux, béton ou pavé. L'indicateur est mesuré en km pour 10 000 habitants comme indicateur de l'accès au réseau routier.

Densité du réseau routier (par km² de superficie exploitée) :

- Longueur totale de la route (bitumée ou non) dans un pays donné. L'indicateur est mesuré en km (par km² de superficie exploitable).
- La superficie exploitable est la superficie totale d'un pays moins les déserts, les forêts, les montagnes.

### Indice d'électricité

Production nette (KWh par habitant) : Production totale d'électricité dans un pays donné, y compris l'énergie importée de l'étranger. Elle inclut l'énergie générée privée et publique. L'indicateur est mesuré en millions de KWh produits par habitant.

### Indice composite des TIC

Abonnements à la téléphonie (pour 100 habitants) : Nombre total d'abonnements à des réseaux de téléphonie fixe ou mobile au cours d'une année donnée. L'indicateur est calculé pour 100 habitants.

**Construction de l'indice IQG avec la méthode d'analyse en composante principale**

**Tab1 : Statistiques descriptives**

| | Moyenne | Ecart type[a] | Analyse N[a] | N manquant |
|---|---|---|---|---|
| VACC | -,324 | ,586 | 345 | 0 |
| SVIOL | -,542 | ,827 | 345 | 0 |
| GEFF | -,820 | ,442 | 345 | 0 |
| RQUAL | -,652 | ,384 | 345 | 0 |
| RLOW | -,669 | ,531 | 345 | 0 |
| CCORR | -,5778 | ,536 | 345 | 2 |

Note : a. Pour chaque variable, les valeurs manquantes sont remplacées par la moyenne de la variable.

**Tab2 : Matrice de corrélation**

| | | VACC | SVIOL | GEFF | RQUAL | RLOW | CCORR |
|---|---|---|---|---|---|---|---|
| Corrélation | VACC | 1,000 | ,623 | ,705 | ,652 | ,799 | ,723 |
| | SVIOL | ,623 | 1,000 | ,535 | ,541 | ,695 | ,583 |
| | GEFF | ,705 | ,535 | 1,000 | ,856 | ,856 | ,793 |
| | RQUAL | ,652 | ,541 | ,856 | 1,000 | ,850 | ,733 |
| | RLOW | ,799 | ,695 | ,856 | ,850 | 1,000 | ,842 |
| | CCORR | ,723 | ,583 | ,793 | ,733 | ,842 | 1,000 |
| Signification (unilatéral) | VACC | | ,000 | ,000 | ,000 | ,000 | ,000 |
| | SVIOL | ,000 | | ,000 | ,000 | ,000 | ,000 |
| | GEFF | ,000 | ,000 | | ,000 | ,000 | ,000 |
| | RQUAL | ,000 | ,000 | ,000 | | ,000 | ,000 |
| | RLOW | ,000 | ,000 | ,000 | ,000 | | ,000 |
| | CCORR | ,000 | ,000 | ,000 | ,000 | ,000 | |

Note : a. Déterminant =, 003

**Tab3 : Indice KMO et test de Bartlett**

| | | |
|---|---|---|
| Indice de Kaiser-Meyer-Olkin pour la mesure de la qualité d'échantillonnage. | | 0,891 |
| Test de sphéricité de Bartlett | Khi-carré approx. | 2013,543 |
| | ddl | 15 |
| | Signification | ,000 |

**Tab 4 : Qualités de représentation**

| | Initiales | Extraction |
|---|---|---|
| VACC | 1,000 | ,732 |
| SVIOL | 1,000 | ,552 |
| GEFF | 1,000 | ,826 |
| RQUAL | 1,000 | ,786 |
| RLOW | 1,000 | ,926 |
| CCORR | 1,000 | ,798 |

Note : Méthode d'extraction : Analyse en composantes principales.

**Tab 5 : Variance totale expliquée**

| Composante | Valeurs propres initiales | | | Sommes extraites du carré des chargements | | |
|---|---|---|---|---|---|---|
| | Total | % de la variance | % cumulé | Total | % de la variance | % cumulé |
| 1 | 4,620 | 77,008 | 77,008 | 4,620 | 77,008 | 77,008 |
| 2 | ,571 | 9,522 | 86,530 | | | |
| 3 | ,338 | 5,636 | 92,166 | | | |
| 4 | ,246 | 4,107 | 96,274 | | | |
| 5 | ,134 | 2,234 | 98,508 | | | |
| 6 | ,090 | 1,492 | 100,000 | | | |

Note : Méthode d'extraction : Analyse en composantes principales.

**Tab 6 : Matrice des composantes**[a]

| Composante | |
|---|---|
| RLOW | ,962 |
| GEFF | ,909 |
| CCORR | ,893 |
| RQUAL | ,887 |
| VACC | ,856 |
| SVIOL | ,743 |

Notes : Méthode d'extraction est l'Analyse en composantes principales.

a. 1 composantes extraites avec les différents poids des variables.

**Figure 1** : investissement chinois dans les pays de la CEDEAO de 2000 à 2020

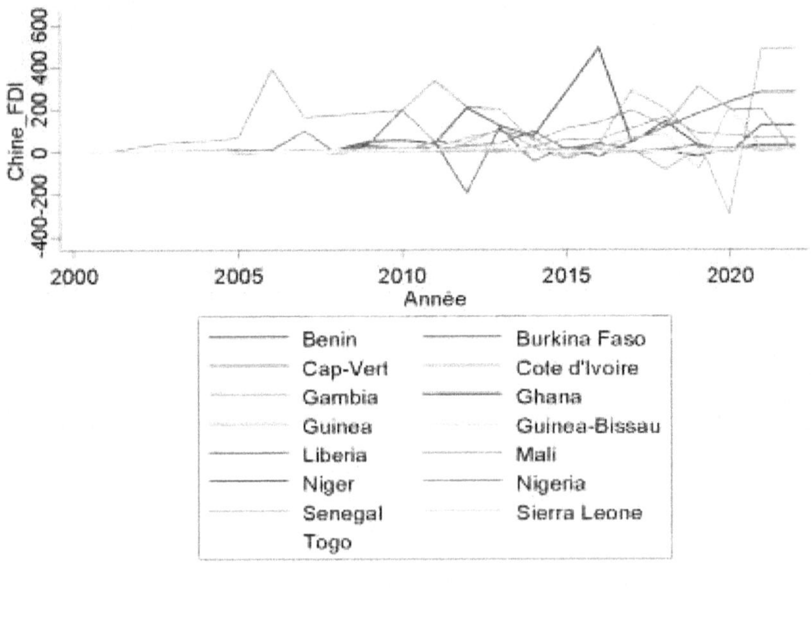

## Tab7 : Test de cointegration.

```
. xtcointtest kao LPIBH CHNFDIf CHNFDIs INVEST EPARG OUV TERMECH INFL IDH IDESIC IQG

Kao test for cointegration
--------------------------
H0: No cointegration                      Number of panels     =    15
Ha: All panels are cointegrated           Number of periods    =    21

Cointegrating vector: Same
Panel means:          Included            Kernel:            Bartlett
Time trend:           Not included        Lags:              1.87 (Newey-West)
AR parameter:         Same                Augmented lags:    1
------------------------------------------------------------------------------
                                          Statistic          p-value
------------------------------------------------------------------------------
 Modified Dickey-Fuller t                  -3.6394            0.0001
 Dickey-Fuller t                           -2.9904            0.0014
 Augmented Dickey-Fuller t                 -3.2091            0.0007
 Unadjusted modified Dickey-Fuller t       -3.6949            0.0001
 Unadjusted Dickey-Fuller t                -3.0108            0.0013
------------------------------------------------------------------------------
```

**Tab 8 : Régression ARLD avec uniquement données Sénégal**

ARDL (1,1,0,1,1,0,1) regression, Sample: 1995 - 2022 Number of obs = 28

R-squared = 0.8705, Adj R-squared = 0.7815; Log likelihood = 30.046875; Root MSE = 0.1095

| **D.LPIBH** | **Coef.** | **Std.Err.** | **t** | **P>t** | **[95%Conf.** | **Interval]** |
|---|---|---|---|---|---|---|
| ADJ | | | | | | |
| LPIBH | | | | | | |
| L1. | **-0.296** | 0.087 | -3.400 | 0.004 | -0.480 | -0.111 |
| **Dynamique de long terme** | | | | | | |
| dINVEST | | | | | | |
| L1. | 0.338 | 0.117 | 2.880 | 0.011 | 0.090 | 0.587 |
| dEPARG | | | | | | |
| L1. | 0.079 | 0.070 | 1.120 | 0.277 | -0.070 | 0.227 |
| dOUV | | | | | | |
| L1. | -0.215 | 0.061 | -3.540 | 0.003 | -0.344 | -0.086 |
| dTERMECH | | | | | | |
| L1. | 0.016 | 0.009 | 1.870 | 0.080 | -0.002 | 0.035 |
| INFL | | | | | | |
| L1. | 0.117 | 0.045 | 2.580 | 0.020 | 0.021 | 0.213 |
| CHNFDIf | | | | | | |
| L1. | -1.493 | 1.111 | -1.340 | 0.198 | -3.848 | 0.861 |

| Dynamique de court terme | | | | | | |
|---|---|---|---|---|---|---|
| dINVEST | | | | | | |
| D1. | 0.054 | 0.016 | 3.400 | 0.004 | 0.020 | 0.088 |
| dEPARG | | | | | | |
| D1. | 0.023 | 0.020 | 1.150 | 0.268 | -0.020 | 0.066 |
| dOUV | | | | | | |
| D1. | -0.041 | 0.006 | -7.200 | 0.000 | -0.053 | -0.029 |
| dTERMECH | | | | | | |
| D1. | 0.003 | 0.001 | 1.930 | 0.072 | -0.000 | 0.005 |
| INFL | | | | | | |
| D1. | 0.035 | 0.011 | 3.120 | 0.007 | 0.011 | 0.058 |
| CHNFDIf | | | | | | |
| D1. | -0.249 | 0.155 | -1.610 | 0.126 | -0.577 | 0.078 |
| _cons | 2.070 | 0.615 | 3.370 | 0.004 | 0.767 | 3.372 |

## Annexe 2 : construction du modèle économétrique

À l'effet de mesurer l'impact des infrastructures réalisées par la Chine sur le développement économique des pays africains, il importe de mettre en place un schéma logique (le modèle en question) basé sur plusieurs étapes, partant de la définition des données et leurs sources, l'analyse descriptive des données, l'analyse de corrélation, la spécification du modèle pour finir avec l'estimation des données et leur interprétation.

### Section 1 : Méthodologie et choix du modèle économétrique

En rapport avec la méthode théorique et empirique et la question de recherche centrale, le modèle économétrique se doit d'aider à résoudre les problèmes soulevés en vue de l'atteinte des objectifs préalablement fixés.

#### 1.1 Modèle théorique et empirique

Dans cette partie sont dégagés, d'abord, le modèle théorique qui tire son fondement des propositions du modèle de Cobb-Douglas (un modèle fondé sur la production en fonction des ressources employées) ; ensuite, le modèle économétrique spécifié à partir duquel nos données sont estimées sur la base des variables dites d'intérêt et des autres variables supplémentaires ou variables de contrôle ; puis la technique d'estimation qui l'accompagne. Tout cela, en tenant compte de l'hypothèse selon laquelle les projets d'infrastructure chinois ont un impact positif et significatif sur le développement économique des États africains.

##### 1.1.1 Modèle théorique

Dans cette partie, est établi le modèle théorique de base du modèle économétrique utilisé pour vérifier l'hypothèse précédente. À ce titre, on adopte un cadre économétrique similaire à celui de la littérature standard en spécifiant la fonction de production Cobb-Douglas utilisée par Ezemenari (2017) et qui se présente comme suit :

$$Q_{i,t} = A_{i,t} L_{i,t}^{\beta_1} K_{i,t}^{\beta_2} G_{i,t}^{\beta_3} U_{i,t} \quad (13)$$

Où :

- Q est la production totale,
- A : la productivité totale des facteurs,
- K : le capital physique total du pays,
- G : le capital de transport,

- L : le capital humain,
- i pour le pays et t pour le temps et,
- U : le terme d'erreur.

L'équation (1) est, par la suite, facilement mise sous forme linéaire en prenant le logarithme naturel des deux côtés.

Il en découle que les coefficients respectifs représentent alors l'élasticité de la production par rapport à chaque variable dépendante.

$$q_{i,t} = a_{i,t} + \beta_1 l_{i,t} + \beta_2 k_{i,t} + \beta_3 g_{i,t} + u_{i,t} \ (14)$$

Les coefficients $a_{i,t}$ $\beta_k$ indiquent que nos variables sont exprimées en logarithme naturel. La variable dépendante, le niveau de production du pays, est représentée par le produit intérieur brut réel à parité de pouvoir d'achat. Le capital physique k est représenté par le ratio investissement/PIB et nous utilisons la force de travail pour capturer l'effet de la main-d'œuvre (l). Pour la variable g, l'étape suivante consistait à trouver un indicateur composite d'infrastructure, représentant g, dont les éléments composants sont le transport et l'énergie et les TIC. Selon Boopen (2006), l'indicateur de transport est le seul indicateur fiable disponible dans le cadre d'une étude de ce genre, étant donné que les données ne permettent pas de séparer les chiffres du capital de transport du total du pays (k). Cette méthode a été utilisée dans un certain nombre d'études (voir Canning, 1999 et Canning et Bennethan, 2000, entre autres).

### 1.1.2 Modèle économétrique

La spécification du modèle économétrique met en relation la croissance du PIB par habitant et les infrastructures ainsi que les investissements directs étrangers d'une part, et les déterminants des infrastructures d'autre part. Les signes des paramètres, la forme mathématique du modèle (l'équation du modèle) sont également mis en lumière. Ainsi, la variable endogène est représentée par le taux de croissance du PIB réel et les variables explicatives du modèle sont, quant à elles, représentées par les investissements directs étrangers en pourcentage du PIB, la couverture commerciale, le taux d'inflation, l'épargne nationale en pourcentage du PIB et le taux d'intérêt monétaire, l'indice des infrastructures, l'indice de bonne gouvernance et l'indice du développement humain.

Lorsque certaines variables constatées sont linéaires, alors la transformation en variables logarithmiques s'impose. Il se présente comme suit :

$$CPIB_{i,t} = \alpha_0 + \beta_1 CHFDI_{i,t} + \beta_2 IDE_{i,t} + \beta_k Z_{i,t} + \mu_{i,t} \quad (15)$$

$$IFRAS_{i,t} = \alpha_0 + \beta_1 CHFDI_{i,t} + \beta_2 IDE_{i,t} + \beta_k Z_{i,t} + \mu_{i,t} \quad (16)$$

Où :

- **IDE** est l'investissement direct étranger en pourcentage du PIB ;
- **CHFDI** est l'investissement direct étranger chinois en pourcentage du PIB
- **CPIB** est le taux de croissance du produit intérieur brut en termes réels ;
- **INFRAS** est l'indice d'infrastructure ;
- **Z** est un vecteur de variable **:**
  - **OUVERT** est le taux de couverture économique (exportation/ importation).
  - **INFLAT** est le taux d'inflation ;
  - **EPARG** est l'épargne nationale en pourcentage du PIB ;
  - **INMON** est le taux d'intérêt monétaire ;
  - **IQG** est l'indice de la qualité de gouvernance ;
  - **IDH** est l'indice de développement humain ;
  - **DEVF** est le développement financier ;
  - **VTE** est la variation des termes de l'échange.
- $\beta_1$, $\beta_2$ **et** $\beta_k$, sont les paramètres gouvernant les indicateurs et $\mu_{i,t}$ le terme d'erreur.

### 1.2 Méthodologie suivie

Pour estimer les données collectées sur la plateforme de la Banque Mondiale et du FMI afin de vérifier notre hypothèse 4, il est primordial de suivre une méthodologie qui renseigne sur les techniques d'estimation utilisées et les techniques de transformation des variables pour une meilleure prédiction des variables citées dans les équations n° 15 et 16.

#### 1.2.1 Spécification du modèle d'estimation à partir d'ARDL

Dans cet ouvrage, le modèle utilisé est spécifié sous forme d'ARDL et est utilisé pour deux raisons essentielles : la première est qu'il permet de capter les dynamiques (impacts) de long terme et de court terme, puis la deuxième est qu'il permet de mesurer le retournement du phénomène ou la force de rappel après un choc. Autrement dit, à la suite d'un choc tel qu'un arrêt systématique des investissements ou la survenue d'une catastrophe (covid19 par exemple) quel serait le temps de résilience afin de retrouver l'équilibre normal. Ainsi, nous décrivons ledit modèle comme suit.

Les modèles AutoRegressive Distributed Lag/ARDL, ou « modèles autorégressifs à retards échelonnés ou distribués/ARRE » en français, sont des modèles dynamiques très utilisés en macroéconomie ces dernières décennies. Un modèle ARDL, également connu sous le nom de modèle Autoregressive Dynamic Lag. Autorégressive signifie que le modèle inclut des retards de la variable dépendante comme variables explicatives. Le Dynamic Lag implique que le modèle inclut également des retards des variables explicatives. Avant l'introduction de la cointégration, les modèles ARDL étaient largement utilisés pour estimer les relations dynamiques (principalement macroéconomiques) et capter les chocs provenant des crises. Pour plus de détails, voir le manuscrit de Pesaran de 2015, Time Series and Panel Data Econometrics traitant le cas d'estimation des modèles ARDL pour les variables stationnaires et cointégrées d'ordre différent.

Le modèle économétrique de notre recherche utilisant ARDL (p, q) est spécifié comme suit :

$$CPIB_t = \gamma_{0j} + \sum_{j=1}^{p} \delta_j CPIB_{t-j} + \sum_{i=0}^{q} \beta_i CHFDI_{t-i} + \sum_{j=0}^{q} \vartheta_j IDE_{t-j} + \sum_{i=0}^{q} \beta_k Z_{t-i} + \varepsilon_{jt} \quad (17)$$

Avec :

- $\delta_i$ Coefficient de la variable dépendante retardée de i périodes avec i=1, 2,… n,
- $\beta_j$ Les coefficients des variables explicatives,
- $\gamma_{0j}$ La constante,
- $\varepsilon_{jt}$ Terme aléatoire ou erreur
- p et q les ordres de retard

On peut réécrire le modèle spécifié avec l'intégration du terme correction d'erreur de la manière suivante :

$$\Delta Y_t = \sum_{j=1}^{p-1} a_{1i}\Delta CPIB_{t-j} + \sum_{j=0}^{q-1} a_{2i}\Delta CHFDI_{t-j} + \sum_{j=0}^{q-1} a_{2i}\Delta IDE_{t-j} + \sum_{j=0}^{q-1} a_{2i}\Delta Z_{t-j} + \tau ECT + \varepsilon_{it} \quad (18)$$

Avec :

- $\tau = (1 - \delta_i)$ : Coefficient de la vitesse d'ajustement (ADJ) ; $(\theta_i<0)$ ;
- $[ECT = CPIB_{i,t-1} - \theta X_t]$ : Le terme à correction d'erreur ;
- $a_{1i}, a_{2i}, \ldots \ldots, a_{6i}$ Coefficients de la dynamique de court terme.

Comme pour tout modèle dynamique, pour déterminer le décalage optimal (p* ou q*) l'on se servira des critères d'information (AIC, SIC et HQ) ; un décalage optimal est celui dont le modèle estimé offre la valeur minimale d'un des critères énoncés. Ces critères sont : celui d'Akaike (AIC), celui de Schwarz (SIC) et celui de Hannan et Quinn (HQ). Leurs valeurs sont calculées comme suit :

$$AIC(P) = log\ log\ |\hat{\Sigma}| + \frac{2}{T}n^2p$$

$$SIC(P) = log\ log\ |\hat{\Sigma}| + \frac{LogT}{T}n^2p$$

$$SIC(P) = log\ log\ |\hat{\Sigma}| + \frac{2LogT}{T}n^2p$$

Avec : $\hat{\Sigma}$ = matrice des variances-covariances des résidus estimés ; T = nombre d'observations ; p = décalage ou lag du modèle estimé ; et n = nombre de régresseurs.

Tous ces modèles dynamiques sont capables d'aider à capter la dynamique de court terme et les effets à long terme d'une ou plusieurs variables explicatives sur une variable à expliquer. Cela ne sera possible que si les séries chronologiques sous études sont cointégrées, permettant ainsi l'estimation d'un modèle à correction d'erreur/MCE.

### 1.2.2 Tests de stationnarité des variables

Lorsque l'analyse économétrique porte sur des séries chronologiques, telles que les nôtres, les tests habituels ne peuvent plus s'appliquer compte tenu du comportement des composantes (bruit, tendance, saisonnalités…) qui peuvent compromettre les résultats probants. C'est pourquoi, plusieurs problèmes soulevés ont fait couler beaucoup d'encre, entre autres le problème de « stationnarité » avec les régressions fallacieuses (Granger et Newbold (1974)) basées sur des données non stationnaires ($R^2$ fort pour un *Durbin-Watson* faible) engendrant des estimateurs moins précis et non convergents. Pour pallier cela, des auteurs comme Dickey et Fuller (1979, 1981) vont recommander des tests de stationnarité avant toute étude sur les séries temporelles.

Ainsi, il est impératif de dégager ces composantes pour permettre à la série d'être stationnaire, et enfin de tester cette stationnarité au moyen des statistiques de Dickey-Fuller et Phillips-Perron. Le test de stationnarité permet de voir dans quelle mesure les variables sont indépendantes du temps et, de déterminer la méthode d'estimation. En effet, si les séries étudiées sont stationnaires, la méthode des moindres carrés ordinaires peut être utilisée. Dans le cas contraire, il faut chercher la méthode d'estimation qui peut s'appliquer.

Dans le cas des données de panel, les tests habituels ne sont plus opérants. À ce titre, il existe une littérature conséquente sur les tests de racine unitaire sur données de panel. Selon Hurlain et Migno, (2005), les données en séries temporelles non stationnaires sont utilisées aujourd'hui à cause de plusieurs raisons, entre autres, lorsqu'on a des tailles d'échantillon très élevées (20 à 30 ans), les tests de racine unitaire sont généralement très peu puissants. À cela, s'ajoute, outre le problème d'hétérogénéité des paramètres du modèle, une autre problématique, à prendre en compte éventuellement, la dépendance interindividuelle et à ce niveau il est aberrant de ne pas considérer les co-mouvements entre individus. Alors, on distingue deux générations de tests : la première repose sur la prise en compte de l'hétérogénéité individuelle et la deuxième sur les formes de dynamiques individuelles (i.e. hétérogénéité des paramètres du modèle). À ce niveau, plusieurs auteurs ont apporté leurs contributions en documentant abondamment les tests d'indépendance entre les individus [Test de Levin, Lin et Chu (1999, 2002) ; Test de Im, Pesaran et Shin (2003) ; Test de Maddala et Wu (1999) ; Test de Hadri (2000) ; etc.].

Toutefois, d'après les recherches, l'hypothèse d'indépendance entre les individus peut être remise en cause lorsqu'on se focalise sur des spécifications très générales englobant de multiples cas d'interdépendance individuelle (i.e. modèles à facteurs communs). On peut dire que les tests de racine unitaire sous l'hypothèse de dépendance entre les individus (ou tests de deuxième génération) sont aussi nombreux. La différence majeure par rapport à ceux de première génération est la prise en compte des dépendances entre les individus. Une particularité forte de ces tests est qu'ils ne considèrent pas nécessairement que les corrélations interindividuelles passent uniquement par les perturbations. Ils envisagent notamment le cas où elles proviendraient de l'existence d'une ou plusieurs composantes communes. On peut citer, mis à part les tests qui se sont inscrits dans la lignée des travaux de Bai et Ng (2001) fondés sur un modèle à facteurs communs, les tests de Moon et Perron (2004) ; Phillips et Sul (2003, a) ; Pesaran (2003) ; Choi (2002) ; O'Connell (1998) et Chang (2002, 2004).

Dans le cadre de cette recherche, nous avons appliqué le test de Levin, Lin et Chu (2002) et celui de Im-Pesaran-Shin (2003) pour étudier la stationnarité des variables de l'étude.

Le test de Levin, Lin et Chu (2002) s'inspire des tests de racine unitaire en séries temporelles de (Dickey & Fuller, 1979). Le test de stationnarité est fondé sur l'estimation des trois modèles suivants :

**(1) Modèle 1 :** $\boldsymbol{\Delta y_{it} = \rho y_{i,t-1} + \varepsilon_{it}}$

**(2) Modèle 2 :** $\boldsymbol{\Delta y_{it} = \alpha_i + \rho y_{i,t-1} + \varepsilon_{it}}$

**(3) Modèle 3 :** $\boldsymbol{\Delta y_{it} = \alpha_i + \beta_i t + \rho y_{i,t-1} + \varepsilon_{it}}$

Le test consiste à vérifier les hypothèses suivantes à partir des trois modèles susmentionnés :

Modèle 1 : $H_0$ : $\rho = 0$

$H_1$ : $\rho < 0$

Modèle 2 : $H_0$: $\rho = 0$ et $\alpha_i = 0$, $\forall i = 1, \ldots, N$

$H_1$ : $\rho < 0$ et $\alpha_i \in R$, $\forall i = 1, \ldots, N$

Modèle 3 : $H_0$ : $\rho = 0$ et $\beta_i = 0$, $\forall i = 1, ..., N$

$H_1$ : $\rho < 0$ et $\beta_i \in R$, $\forall i = 1, ..., N$

D'après les recherches de Hurlin et Mignon (2005), « de façon générale, la statistique de test de racine unitaire de Levin et Lin prolongée par Levin-Lin-Chu (2002) s'écrit comme une statistique de Student modifiée :

$$Statistique\ LLC: t^*_{\rho=0} = \frac{1}{\sigma^*_{m,\tilde{T}}}\left(t_{\rho=0} - N\tilde{T} * \frac{\hat{S}_N}{\hat{\sigma}^2_\varepsilon} * \hat{\sigma}_\rho * \mu^*_{m,\tilde{T}}\right) \forall m = 1,2,3\ (19)$$

où pour chaque modèle (m = 1, 2 ou 3) suivant la dimension $\tilde{T} = T - \underline{p} - 1$ avec $\underline{p} = (1/N)\sum_{i=1}^{N} p_i$ ; les auteurs proposent une valeur de la composante d'ajustement de la moyenne $\mu^*_{m,\tilde{T}}$ et de la composante d'ajustement de la variance $\sigma^*_{m,\tilde{T}}$ ».

Le non-rejet d'une des hypothèses nulles signifie que la série en question contient une racine unitaire. Le processus est donc non stationnaire. Il faut alors passer par d'autres modifications telles que la différence première, généralement utilisée, pour rendre stationnaire la variable.

**Tableau 9 : synthèse des tests de racine unitaire en panel**

| Tests de première génération | Indépendance entre individus |
| --- | --- |
| Spécification homogène de la racine autorégressive sous H1 | |
| | Levin et Lin (1992, 1993) |
| | Lin, Levin et Chu (2002) |
| | Harris et Tzavalis (1999) |
| Spécification hétérogène de la racine autorégressive | |
| | Im, Pesaran et Shin (1997, 2002 et 2003) |
| | Maddala et Wu (1999) |
| | Choi (1999, 2001) |
| | Hadri (2000) |
| Test séquentiel | Hénin, Jolivaldt et Nguyen (2001) |

| Tests de deuxième génération | Dépendances entre individus |
|---|---|
| Tests fondés sur des modèles factoriels | |
| | Bai et Ng (2001) |
| | Moon et Perron (2004) |
| | Phillips et Sul (2003a) |
| | Pesaran (2003) |
| | Choi (2002) |
| Autres approches | |
| | O'Connell (1998) |
| | Chang (2002, 2004) |

Source : (Hurlin & Mignon, 2005)

Dans le cadre de ce livre, nous avons appliqué le test de Levin, Lin, et Chu, (2002) et Im-Pesaran-Shin pour étudier la stationnarité des variables.

### 1.2.3 Test de dépendance transversale

En raison des activités économiques, les pays d'une même zone géographique peuvent interagir. Par exemple, le commerce, l'intégration économique ou encore une union monétaire peuvent créer une possibilité de dépendance transversale entre eux. De même, des chocs communs (COVID-19 par exemple) ou une spécification erronée du modèle peuvent conduire à une dépendance transversale (Chudik et Pesaran, 2013). Pour cela, l'analyse en données de panel nécessite une vérification de la dépendance transversale afin d'éviter les estimateurs biaisés et non robustes (Breush et Pagan, 1980 ; Pesaran, 2004). Ainsi, Breush et Pagan (1980) ont proposé le test du multiplicateur de Lagrange (LM-Test) pour contrôler la dépendance croisée dans les données de panel. Par conséquent, nous écrivons une régression de données de panel comme suit :

$$Y_{it} = \alpha_i + \beta_i X_{it} + \phi_{it} \quad (20)$$

Où $Xit$ représente le vecteur $k\,x\,1$ du régrésseur, t représente la dimension temporelle (t=1,2…,14) et chaque pays du panel est indiqué par i (i=1,2…,7). Le test LM est donc spécifié dans l'équation (3) ci-dessous :

$$LM = \sum_{i=1}^{N-1} T \sum_{j=i+1}^{N} \hat{\rho}_{ij} \quad (21)$$

Lorsque l'hypothèse nulle est que, $H0 : cov(\phi_{it}, \phi_{jt}) = 0$, c'est-à-dire qu'il n'y a pas de dépendance transversale et $H1 : cov(\phi_{it}, \phi_{jt}) \neq 0$, l'hypothèse alternative, lorsque la dépendance se produit. Pour corriger le biais Pesaran (2004) a proposé la modification du Test LM exprimée par l'équation 3 :

$$CD = \sqrt{\frac{2T}{N-1}} \sum_{i=1}^{N} \sum_{j=i+1}^{N} \frac{(T-k)\hat{\rho}_{ij}^2 - [(T-k)\hat{\rho}_{ij}^2]}{Var[(T-k)\hat{\rho}_{ij}^2]} \quad (22)$$

Pour estimer notre modèle, nous allons tout d'abord commencer par tester l'hypothèse de non-transversalité. Pour cela, notre étude va opter pour le test de dépendance (Breush et Pagan, 1980) modifié par Pesaran

(2004) présenté ci-dessus pour tester l'hypothèse de non-dépendance entre les individus.

### 1.2.4 Test d'homogénéité des coefficients de pentes

Lorsque la dépendance transversale existe, cette situation signifie que les pays du panel peuvent interagir les uns avec les autres en raison d'effets communs tels que les chocs exogènes sur l'économie. Dans ces conditions, l'hétérogénéité de la pente peut apparaitre. Ce phénomène doit donc être vérifié afin d'obtenir un estimateur robuste Swamy (1970), Hsiao (1986), Breitung (2005) et Pesaran et Yamagata (2008). Par conséquent, nous vérifions l'hypothèse d'homogénéité de la pente contre l'hypothèse alternative d'hétérogénéité de la pente pour notre panel. Pesaran et Yamagata (2008) ont proposé un modèle de données de panel prenant en compte les effets fixes et les pentes hétérogènes. Ce faisant, ils ont considéré la spécification suivante :

$$Y_{it} = \alpha_i + \beta' x_{it} + \varepsilon_{it} \; avec \; i = 1, \dots, N; t = 1, \dots, T \; (9)$$

Nous pouvons donc tester l'hypothèse suivante : $H0\colon \beta_j = \beta$ pour tout $i$ (homogénéité de la pente) et $H_1\colon \beta_i \neq \beta_j$ pour tous $i= j$ (hétérogénéité de la pente).

Ainsi, si la probabilité associée aux statistiques de Δ et Δ ajusté pour l'échantillon considéré est inférieure au seuil standard (1 % à 10 %), l'hypothèse nulle d'homogénéité est rejetée.

Pour vérifier ces hypothèses, Pesaran & Yamagata, (2008) considèrent le modèle ci-après :

$$y_{it} = \alpha_i + x_{1it}\beta_{1i} + x_{2it}\beta_{2i} + \dots + x_{kit}\beta_{ki} + \varepsilon_{it} \; (23)$$

Ainsi, $H_0\colon \beta_{1i}=\beta_{2i}=\ldots= \beta_{ki} = \beta_k \; \forall \; i \in \{1; 2; \dots; N\}$

La statistique du test est donnée par l'expression :

$$\tilde{S} = \sum_{i=1}^{N} \left(\hat{\beta}_i - \underline{\beta}_{WFE}\right)' \frac{X_i' M_\tau X_i}{\tilde{\sigma}_i^2} \left(\hat{\beta}_i - \underline{\beta}_{WFE}\right) \; (24)$$

Où $\tilde{\sigma}_i^2 = \frac{(y_i - X_i\hat{\beta}_{FE})' M_\tau (y_i - X_i\hat{\beta}_{FE})}{T-1}$ ;

$\underline{\beta}_{WFE} = \left(\sum_{i=1}^{N} \frac{X_i' M_\tau X_i}{\tilde{\sigma}_i^2}\right)^{-1} \sum_{i=1}^{N} \frac{X_i' M_\tau y_i}{\tilde{\sigma}_i^2}$ ;

$\hat{\beta}_{FE} = (\sum_{i=1}^{N} \quad X_i' M_\tau X_i)^{-1} \sum_{i=1}^{N} \quad X_i' M_\tau y_i$ ;

$M_\tau = I_\tau - \tau_T(\tau'_T\tau_T)^{-1}\tau'_T$ ;

$I_\tau$ est une matrice identitaire et

$\tau_T$ est un vecteur colonne d'ordre T x 1 de un (1).

Sous $H_0$, cette statistique suit une loi normale centrée réduite.

Notons néanmoins que la statistique précédente est destinée au panel classique. Pesaran et Yamagata ont proposé, pour les panels autorégressifs, la statistique suivante :

$$\tilde{S} = \sum_{i=1}^{N} \tilde{\sigma}_i^{-2}\left(\hat{\beta}_i - \tilde{\beta}_{WFE}\right)^2\left(y'_{i,-1}M_\tau y_{i,-1}\right) \quad (25)$$

Où $\tilde{\beta}_{WFE} = \left(\sum_{i=1}^{N} \frac{y'_{i,-1}M_\tau y_{i,-1}}{\tilde{\sigma}_i^2}\right)^{-1} \sum_{i=1}^{N} \frac{y'_{i,-1}M_\tau y_i}{\tilde{\sigma}_i^2}$ et

$\tilde{\sigma}_i^{-2} = \frac{\left(y_i - \tilde{\beta}_{FE}y_{i,-1}\right)' M_\tau \left(y_i - \tilde{\beta}_{FE}y_{i,-1}\right)}{T-1}$

Pour y parvenir, Pesaran et Yamagata ont considéré le modèle simple de panel dynamique qui suit :

$$y_i = \alpha_i(1 - \beta_i)\tau_T + \beta_i y_{i,-1} + \varepsilon_i, pour\ i = 1,2, \dots, N \quad (26)$$

Où $y_{i,-1} = (y_{i0}, y_{i1}, \dots, y_{iT-1})'$

Sous l'hypothèse nulle d'homogénéité de la pente autorégressive, cette statistique suit une loi normale centrée réduite.

### 1.2.5 Détermination du nombre de retards

Classiquement, le choix du retard optimal se fait d'abord avec l'estimation d'un VAR à niveau et, ensuite, au retard trouvé pour le VAR, on soustrait un retard et on a le retard si le modèle est VECM. À l'instar des tests d'Akaike (79) et Schwarz (78), on peut considérer le critère de FPE. Par contre, dans le cas des données de panel utilisant le modèle ARDL, le choix des retards p et q se fait en estimant le modèle initial, mais réduit en nombre de variables.

### 1.2.6 Étude de la cointégration

Au début des années quatre-vingt-dix, la recherche sur la littérature de l'économétrie de données de panel a connu une évolution. La théorie a montré une nouvelle littérature qui consiste à appliquer les méthodes des séries temporelles sur la base des données à double dimension, individuelle et temporelle[51]. Il ressort de ces méthodes celles de Baltagi, de Pesaren, de Pedroni, de Krichen, etc., permettant la mise en évidence des relations de long terme en économie internationale aussi bien qu'en économie de développement. Or, pour établir la relation de long terme entre les variables macroéconomiques, une méthodologie appropriée serait la technique de cointégration à l'Engel Granger (1987) sous une autre forme. L'application de cette dernière technique nécessite au préalable de considérer des données non stationnaires pour tenir compte de dépendances interindividuelles (Hurlin et Mignon, 2005). Cette dépendance est un concept spécifique à l'utilisation des données de Panel.

L'économétrie des données de panel non stationnaires appliquée à la macroéconomie ne doit pas ignorer une telle dépendance interindividuelle parce qu'il est rare que les pays se comportent de la même manière à long terme. Ainsi, on peut envisager l'existence des deux types de relations de cointégration, des relations intra-individuelles, et d'autres interindividuelles, n'impliquant que des variables propres à un individu ou pays donné. Parmi les tests de cointégration, on peut citer ceux de Pedroni (1995, 1997), de Kao (1999), de Bai et Ng (2004) et de Groen et Kleibergen (2003), sous l'hypothèse d'absence de cointégration. Par ailleurs, ces tests de cointégration, notamment le test aux bornes, sont appliqués sur fond d'un modèle qui leur sert de base, c'est la spécification ARDL[52] cointégrée qui prend la forme d'un modèle à correction d'erreur.

- **Notion de variable cointégrée : écriture mathématique**

Deux variables $X_{it}$ et $Y_{it}$ non-stationnaires, intégrées d'ordre, $I(d)$, sont cointégrées si et seulement s'il existe une combinaison linéaire $Z_{it}$ de ces deux variables ($Z_{it} = Y_{it} - \beta_i X_{it}$) qui soit intégrée d'ordre inférieur à d [I (d – b) où b est un entier positif (0 < b ≤ d)][53]. $\beta_i$ est le paramètre de cointégration et le vecteur (1, -$\beta_i$) est le vecteur de cointégration.

[51] L'ajout de dimension individuelle permet d'augmenter le nombre de données, et les tests de racine unitaire sur les données de panel sont asymptotiquement normaux (Hurlin et Mignon, 2006).

[52] AutoRegressive Distributed Lag (modèles autorégressifs à retards échelonnés ou distribués).

[53] Lorsque l'on néglige les relations de cointégration intra et inter-individuelles. Pour approfondir, voir (Hurlin & Mignon, 2007)

### ➢ Tests de cointégration

La présence d'une relation d'équilibre entre des variables est testée formellement à l'aide de procédures statistiques, dont les plus utilisées sont Pedroni (1995, 1997, 1999, 2004), Kao (1999) et Bai et Ng (2004). Le test de Kao nous a permis de vérifier une relation de long terme entre les variables.

Le test de Kao teste l'hypothèse nulle de non-cointégration. Kao (1999) propose deux ensembles de tests basés chacun sur le modèle suivant :

$$y_{it} = \alpha_i + x_{it}\beta + \varepsilon_{it} \quad (27)$$

Le premier test consiste à vérifier $\rho = 1$ l'équation(7) [54]

$$\hat{\varepsilon}_{it} = \rho\hat{\varepsilon}_{it-1} + \mu_{it} \quad (28)$$

La statistique du test est donnée par l'expression :

$$t_\rho = \frac{(\hat{\rho} - 1)\sqrt{\sum_{i=1}^{N} \sum_{t=2}^{T} \hat{\varepsilon}_{it-1}^{*2}}}{S_e} \quad (29)$$

Où $S_e^2 = \frac{1}{NT}\sum_{i=1}^{N} \sum_{t=2}^{T} (\hat{\varepsilon}_{it}^* - \hat{\rho}\hat{\varepsilon}_{it-1}^*)^2$ ; $\hat{\varepsilon}_{it}^* = y_{it}^* - \hat{\alpha}_i^* - \hat{\beta}^* x_{it}^*$ ; $y_{it}^* = y_{it} - \sigma_{0\mu V}\sigma_{0V}^{-2}x_{it}$ et $x_{it}^* = \sigma_{0V}^{-1}x_{it}$

À partir de laquelle Kao (1999) propose les quatre statistiques de type Dickey-Fuller.

Le second test proposé par Kao (1999) est un test de type ADF basé sur la régression (11) :

$$\hat{\varepsilon}_{it} = \rho\hat{\varepsilon}_{it-1} + \sum_{j=1}^{p} \varphi_j \Delta\hat{\varepsilon}_{it-j} + \mu_{it} \quad (30)$$

La statistique de test est donnée par :

$$ADF = \frac{t_{ADF} + \frac{\sqrt{6N}\hat{\sigma}_\mu}{2\hat{\sigma}_{0\mu}}}{\sqrt{\frac{\hat{\sigma}_{0\mu}^2}{2\hat{\sigma}_\mu^2} + \frac{3\hat{\sigma}_\mu^2}{10\hat{\sigma}_{0\mu}^2}}} \quad (31)$$

[54] (Hurlin & Mignon, 2007).

Où $t_{ADF}$ est la t-statistique de $\rho$ dans (11). Sous l'hypothèse nulle d'absence de cointégration, cette statistique suit une loi normale centrée réduite.

## Section 2 : Sources de données et variables de l'étude

Cette partie est consacrée à la description des données tout en précisant leur provenance. Elles sont issues de plusieurs sources, et principalement des bases de données de la Banque Mondiale (BM) et du Fonds Monétaire International (FMI).

### 2.1 Sources de données

Les données utilisées dans cette recherche proviennent de sources diverses : BM, BAD, FMI et Perspective du Monde (Université de Sherbrooke, Québec, Canada). Plusieurs variables choisies évoluent dans le temps (année) et sont propres à des individus (15 pays de la CE DEAO). D'abord, l'horizon temporel considéré est de 2000 à 2022. Le choix de l'intervalle de temps s'explique par le fait que la plupart des indicateurs liés au financement chinois ont été ressourcés à partir de l'an 2000. Concernant la date de fin, elle peut aussi s'expliquer par la non-disponibilité des données en fin 2023 ; elles n'ont pas encore été bouclées à ce jour. Ensuite, le périmètre individuel englobe les 15 États membres de la CEDEAO à savoir le Bénin, le Burkina Faso, le Cap-Vert, la Côte d'Ivoire, la Gambie, le Ghana, la Guinée, la Guinée-Bissau, le Liberia, le Mali, le Niger, le Nigeria, le Sénégal, la Sierra Leone et le Togo. Le choix de ces États s'explique également par leur homogénéité vis-à-vis de certains comportements qu'ils partagent (ressemblance) et leur hétérogénéité vis-à-vis de quelques variables. Ainsi, on dispose 15 pays et 23 ans d'observations soit un total de 345 observations (t*i).

### 2.2 Explication du choix des variables

Dans le cadre de l'utilisation des modèles pour estimer la relation entre les flux financiers chinois et les PIB par habitant des pays du panel, nous distinguons d'abord les variables d'intérêt des variables de contrôle, ensuite nous les définissons tout en nous référant à différentes sources. Les variables d'intérêt sont le PIB par habitant (PIBH) et le mode d'intervention chinois à travers les flux financiers et les indices des réalisations (CHNFDIs et CHNFDIf). Et les variables de contrôle sont l'investissement direct étranger (IDE), IDE chinois (CHNF), l'investissement en capital physique (INV), l'ouverture commerciale

(OUV), le développement financier (DEV), le terme de l'échange (TECHG), le capital humain ou main-d'œuvre (KH), la population active (PAC), l'indice du développement humain (IDH), l'indice de la qualité gouvernementale (IQG), l'inflation (INFL), l'épargne brute (EPARG), et l'infrastructure (INFRAS).

### 2.2.1 La variable dépendante

**Taux du produit intérieur brut (TPIB)** : c'est le taux de croissance du produit intérieur brut en termes réels. Il mesure le niveau de vie de la population et représente la taille du marché. Le taux de croissance du PIB est un indicateur économique utilisé pour mesurer la croissance de l'économie d'un pays d'une année à la précédente. Il est utilisé dans plusieurs modèles économétriques sous forme de variable à expliquer. La plupart des recherches utilisent le PIB par habitant qui est un indicateur dynamique, plus efficace que le PIB pour mesurer le niveau de développement d'un pays.

### 2.2.2 Les variables explicatives (indépendantes)

**IDE** : Investissements Directs Etrangers (IDE) en pourcentage du PIB est une variable indépendante du modèle. Elle représente les flux des Investissements Directs Etrangers entrants. Au début des années quatre-vingt, l'OCDE (1983) a défini l'IDE de la manière suivante : « Toute personne physique, toute personne publique ou privée ayant ou non la personnalité morale, tout gouvernement, tout groupe de personnes physiques liées entre elles est un Investisseur Direct Etranger s'il possède lui-même une entreprise d'investissement direct, c'est-à-dire une filiale, une société affiliée ou une succursale faisant des opérations dans un pays autre que le ou les pays de résidence de l'investisseur ou des investisseurs directs. »

**IDE chinois (CHNFDI)** : C'est un indicateur, calculé et publié sur la page de China-Africa research initiative[55], mesurant l'investissement chinois en Afrique, il est reparti en flux (CHNFDIf) et en stock (CHNFDIs). Le choix porté sur cet indicateur s'explique par plusieurs raisons. À eux seuls, Busse et al. (2016) ont documenté que l'IDE chinois a un impact impressionnant sur la croissance en Afrique. De même, Weisbrod et Whalley (2011) ont montré que l'IDE favorise la croissance car contribuant à 0,5 % à la croissance du PIB. Fu et Buckley (2015) parviennent à une conclusion similaire dans laquelle une

[55] https://www.sais-cari.org/chinese-investment-in-africa

augmentation de 10 % de la part de l'IDE chinois dans les IDE entrants en Afrique, a augmenté de 0,09 % le PIB par habitant.

**L'Investissement en capital physique (INV) :** Il désigne l'ensemble des acquisitions des éléments productifs et les infrastructures de base (routes, barrages, ponts, écoles, hôpitaux). Selon les théories de la croissance, l'accumulation du capital physique est source de croissance. L'amélioration de la qualité des infrastructures abaisse les coûts (transport, énergie, ...) et par conséquent stimule la demande et l'offre, ce qui est de nature à favoriser la compétitivité (Gannon et Liu, 1997). Il peut également favoriser le désenclavement des régions pauvres et leur permettre d'accéder à des opportunités plus importantes (Estache, 2003). Cet indicateur favorise la croissance économique (THIAO, A. (2019) et Ezemenari (2017)). Le signe attendu de cette variable dans le modèle est positif.

**Ouverture commerciale (OUV) :** c'est le taux d'ouverture économique (exportation/importation). Il est la somme des exportations et des importations rapportées au PIB. Un taux d'ouverture élevé attire les investisseurs parce qu'ils peuvent facilement importer les biens d'équipement et écouler leurs produits. Il est également utilisé par Blomstrom et al. (1996), Barro (1991), Coudert et Dubert (2004) et Ezemenari (2017). Dans le cadre de cette étude, l'expression de la variable est la suivante : $OUV = \frac{X+M}{2PIB}$

La littérature montre que dans les PED, son effet sur la croissance est ambigu. Le signe attendu peut être positif ou négatif. Dans notre cas, le signe plus est attendu du coefficient de cette variable.

**Le développement financier (DEVF) :** La théorie économique suggère que les systèmes financiers développés (banques, marchés financiers) contribuent positivement à la croissance, grâce à une médiation plus efficace entre les épargnants et les investisseurs. L'absence de développement financier et la faible mobilité des facteurs peuvent occasionner des pertes pour les pays pauvres qui libéralisent leurs échanges parce que les secteurs improductifs feront face à des difficultés dues à la concurrence, alors que le capital et le travail qui sont employés dans ces secteurs ne pourront pas être affectés facilement à d'autres secteurs (Banerjee et Newman, 2004). Comme mesure, nous utilisons le crédit domestique au secteur privé en pourcentage du PIB. Pour cette variable, le signe attendu est positif.

**La variation des termes de l'échange (TECHG) :** Cette variable est généralement mesurée par le rapport de l'indice des prix à l'exportation sur l'indice des prix à l'importation, multiplié par 100. Une amélioration des termes de l'échange se traduit par une augmentation des revenus et par conséquent la croissance. Le signe attendu est positif.

**La population Active (PAC) :** Le débat sur la théorie économique n'offre aucun consensus sur la nature de la relation entre la croissance de la population et la croissance économique. Les partisans de la théorie de la croissance endogène affirment que la croissance démographique stimule l'avancée technologique ; par contre pour les économistes classiques, notamment Barro (2000), Malthus (1798), la croissance économique est négativement liée au taux de fertilité, et une croissance démographique rampante pourrait diminuer le PIB par tête. Mais la croissance démographique pourrait être bénéfique si le capital humain est suffisamment formé et bien spécialisé (signe positif), dans le cas contraire elle est nuisible (Signe négatif) à la croissance économique. La mesure retenue est le taux de croissance de la population.

**Le capital humain (KH) ou main-d'œuvre :** C'est le stock de capital humain, mesuré par le ratio d'inscription à l'enseignement tertiaire. Généralement dans la plupart des recherches, cette variable est représentée par le taux brut de scolarisation au secondaire (TBS) comme proxy de stock de capital humain. Toutefois, il peut être approximé par l'Indice de développement humain (IDH) du Programme des Nations Unies pour le développement (PNUD) pour intégrer également les variables de contrôle. L'IDH est un indice composite construit à partir des variables telles que l'espérance de vie, le revenu national brut par habitant et la durée escomptée de scolarisation.

**Inflation (INF)** : C'est le taux d'inflation. L'inflation est habituellement utilisée comme indicateur d'instabilité macro-économique. Le terme inflation désigne une augmentation durable, générale, et auto-entretenue des prix des biens et des services. L'inflation est aussi caractérisée par l'accroissement de la circulation de la monnaie (masse monétaire). Le taux d'inflation est généralement mesuré à partir de l'Indice des prix à la consommation (IPC). Mais dans le cas de ce livre, le taux d'inflation monétaire est l'indicateur par excellence car sa prise en compte dans le modèle permet d'expliquer la dynamique du revenu réel (THIAO, A. (2019)).

**Épargne nationale brut (EPARG)** : est l'épargne nationale en pourcentage du PIB. Globalement, l'épargne nationale brute représente la différence entre le PIB et les dépenses de consommation finale (l'ensemble de la consommation dans un pays pendant une période donnée). D'une manière plus précise, il s'agit de la partie du revenu national disponible qui n'est pas affectée à la dépense de consommation finale, celle des ménages ou celle des gouvernements. L'épargne domestique brute correspond aussi à la somme des épargnes brutes des différents secteurs institutionnels. Cet indicateur tire son utilité du fait qu'il nous renseigne sur la capacité d'un pays à débloquer ses propres capitaux pour les investissements, autrement dit, la non-dépendance vis-à-vis les capitaux étrangers.

**Infrastructure (INFRAS)** est un indice composite calculé à partir de plusieurs autres indices par la BAD (Banque africaine de Développement). Par la suite, la moyenne arithmétique est utilisée pour calculer un indice moyen global à partir de trois sous indices : Indice composite de transport, Indice d'électricité et Indice composite des TIC. Couramment utilisés dans la littérature, ils sont considérés comme les indicateurs des infrastructures de base pour les pays en développement : télécommunications (nombre de lignes téléphoniques principales pour 1 000 personnes), électricité (capacité de production d'électricité, en MW pour 1 000 personnes) et transport (longueur du réseau routier, en km par km$^2$ de superficie). Pour plus de détails, voir (BAD, 2020 ; Calderón et Servén, 2010).

**Indice de la qualité gouvernementale (IQG)** : L'indice de la qualité de la gouvernance est un indice construit[56] à partir des six variables que sont :

- Les capacités revendicatives et d'expression **(VA)** : Cette variable « Démocratie » représente un méga-indicateur regroupant des facteurs relatifs à la qualité de l'environnement institutionnel ;
- La stabilité politique et la violence **(PS) :** cet indicateur mesure la probabilité de changements violents de régime ou de gouvernement, ainsi que de menaces graves à l'ordre public, y compris le terrorisme. Plus il est élevé, plus la stabilité politique est grande ;
- L'efficacité de l'action publique **(GE) :** Reflète les perceptions de la qualité des services publics, de la qualité de la fonction publique et de son degré d'indépendance par rapport aux pressions politiques ;

[56] Indicateurs réalisés par Kaufman D. Kraay A.et Mastruzzi M. (2003).

- La qualité de la réglementation **(RQ) :** un indicateur mesurant les entraves réglementaires au fonctionnement des marchés. Il est formé de plusieurs sous indicateurs ;
- La qualité des procédures légales **(RL) :** mesure la qualité du respect des contrats légaux par le système judiciaire ou par la police, en tenant compte du recours à la violence privée et de la répression ;
- Le contrôle de la corruption (**CC**) : reflète les perceptions de la mesure dans laquelle le pouvoir public est exercé à des fins privées.

Selon la définition Kaufman et Mastruzzi (2003), la qualité de la gouvernance est un facteur important pour la croissance d'un pays. Or, la gouvernance est un concept qui est composé de plusieurs variables institutionnelles. Ainsi, l'indice de la qualité de la gouvernance est calculé par :

$IQG = PsG^{a} \times CG^{b} \times RDL^{1-a-b}$ (13)

Tel que **:**

- $PSG = VA^{C} \times PS^{1-c}$
- $CG = GE^{d} \times RQ^{1-d}$
- $RDL = RL^{e} \times CC^{1-e}$

Avec **a, b, c, d** et **e** représentant les proportions liées à l'importance de chaque indicateur dans la mesure de l'indice de la qualité de la gouvernance.

Dans le cas de ce livre, nous avons appliqué la méthode de l'analyse en composante principale (ACP) qui est une analyse multidimensionnelle réservée aux masses de variables qu'on veut réduire sur une ou deux dimensions représentant des variables synthétiques. Les résultats de l'ACP ont conduit à l'acceptation d'une seule dimension qui regroupe à elle seule plus de 77 % de l'information totale (ref. Annexe : Tableau variance totale expliquée).

- Si l'**IQG** est supérieur à 50, alors on peut conclure que le pays est caractérisé par une bonne gouvernance.
- Si l'**IQG** se trouve entre 40 et 50, on dit que le pays a une moyenne gouvernance (modeste gouvernance).
- Si l'**IQG** est inférieur à 40, alors un tel pays a une faible gouvernance (mauvaise gouvernance).

Cet indicateur composite, IQG, permet aux ONG, aux entreprises et aux décideurs politiques d'évaluer la gouvernance d'un État. Ainsi, une bonne gouvernance (un score élevé) attire, aussi bien les investisseurs nationaux qu'étrangers dans les pays de la CEDEAO, tandis qu'une mauvaise gouvernance (score inférieur à 40) produit l'effet inverse.

**TABLE DES MATIÈRES**

## Structures éditoriales du groupe L'Harmattan


**L'Harmattan Italie**
Via degli Artisti, 15
10124 Torino
harmattan.italia@gmail.com

**L'Harmattan Hongrie**
Kossuth l. u. 14-16.
1053 Budapest
harmattan@harmattan.hu

**L'Harmattan Sénégal**
10 VDN SICAP AMITIE 3
BP 45034 Dakar-Fann
direction@senharmattan.com

**L'Harmattan Cameroun**
Tsinga/Derrière polyclinique FECAFOOT
BP 11486 Yaoundé
Jacques.koukam@harmattan.fr

**L'Harmattan Burkina Faso**
Villa 281, secteur 23 623, rue 14.32
Ouagadougou
zagbie@outlook.fr

**L'Harmattan Guinée**
Almamya, rue KA 028 OKB Agency
BP 3470 Conakry
harmattanguinee@yahoo.fr

**L'Harmattan RDC**
185, avenue Nyangwe
Commune de Lingwala - Kinshasa
matangilamusadila@yahoo.fr

**L'Harmattan Congo**
219, avenue Nelson Mandela
BP 2874 Brazzaville
deunovmikhael@gmail.com

**L'Harmattan Mali**
Immeuble Mgr Jean Marie Cissé
Aci Hamadallaye
BP 145 Bamako
syllaka@yahoo.fr

**L'Harmattan Togo**
Djidjole - Maison Amela
face EPP BATOME
02 BP 20680 Lomé
didieramela11@gmail.com

**L'Harmattan Côte d'Ivoire**
Résidence Karl - Cité des Arts
Abidjan-Cocody
03 BP 1588 Abidjan
harmattan.ivoire@gmail.com

**L'Harmattan Bénin**
Rue 604, (Immeuble à l'entrée
de la rue UCAO- Cite de Saint-Jean)
Cotonou
stepcorpus@gmail.com


## Nos librairies en France


**Librairie internationale**
16, rue des Écoles
75005 Paris
librairie.internationale@harmattan.fr
01 40 46 79 11
www.librairieharmattan.com

**Librairie des savoirs**
21, rue des Écoles
75005 Paris
librairie.sh@harmattan.fr
01 46 34 13 71
www.librairieharmattansh.com

www.ingramcontent.com/pod-product-compliance
Lightning Source LLC
LaVergne TN
LVHW010929061026
849535LV00007B/2311
* 9 7 8 2 3 3 6 5 9 5 5 3 5 *